學生成語詞典

學生
成語詞典

彭曉莊 編著　　王秀蘭 繪圖

商務印書館

學生成語詞典

編　　著：	彭曉莊
繪　　圖：	王秀蘭
責任編輯：	莫玉儀
出　　版：	商務印書館（香港）有限公司
	香港筲箕灣耀興道 3 號東滙廣場 8 樓
	http://www.commercialpress.com.hk
發　　行：	香港聯合書刊物流有限公司
	香港新界荃灣德士古道 220 — 248 號荃灣工業中心 16
印　　刷：	美雅印刷製本有限公司
	九龍官塘榮業街 6 號海濱工業大廈 4 樓 A
版　　次：	2023 年 12 月第 31 次印刷
	©1996 商務印書館（香港）有限公司
	ISBN 978 962 07 0184 9
	Printed in Hong Kong

凡　例

一、本詞典收錄 534 條香港中、小學生課本中最基本及最常見的成語。

二、凡成語有簡體字寫法的，均予列明。

三、每條成語都注明普通話和廣州話讀音。普通話讀音用漢語拼音字母標注，簡稱「普」。廣州話讀音用國際音標標注，簡稱「粵」。此外還加上漢字直音，放在〔　〕內。若沒有直音字或直音字過於艱深，則以聲韻相同而調不同的字代替。若連聲韻相同的字也沒有時，則注反切。

四、成語的解釋以它在現代漢語中的常用義為主。個別常用義即使中小學課本中沒有用到，也照樣列出，以擴大同學的知識面。

五、每條成語設例句 2 條。內容貼近同學的日常生活。在所選用的 2 例中，成語所充當的句子成分大多不同，希望同學能藉此來理解成語的不同用法。

六、每條成語均配插圖一幅，以幫助理解，提高興趣。

七、 對成語中個別字詞的解釋用◯標示，放在每
　　條成語的最後。在解釋中有時還列出相關的成
　　語，以加深同學的印象，幫助同學觸類旁通。此
　　外，亦介紹個別成語的其他說法、出處及容易寫
　　錯或讀錯的地方。

八、 成語條目依成語第一個字的筆畫數順序排列，筆
　　畫少的在前。筆畫數相同的，依起筆筆形按橫、
　　豎、撇、點、折的順序排列。起筆筆形相同的，
　　依第二筆筆形，以下類推。第一個字相同的成
　　語，則依第二個字的筆畫數及筆形排列。

九、 詞典末部附有普通話、廣州話讀音指南和漢語拼
　　音索引，以供查檢。

目　錄

四畫

五畫

六畫

七畫

十畫

十四畫

十五畫

一日千里

普：	yī	rì	qiān	lǐ
粵：	jɐt⁷〔壹〕	jɐt⁹〔逸〕	tsin¹〔遷〕	lei⁵〔理〕

【解釋】

形容馬跑得非常快。現在也用於形容進步或發展極為迅速。

【例句】

1. 現代科技的進步一日千里，我們如果不加緊學習，就會落伍。

2. 國家建設一日千里地向前發展，人民生活也越來越好。

一本正經 (一本正经)

普： yī　　　　běn　　　　zhèng　　　　jīng

粵： jɐt⁷〔壹〕　　bun²〔般陰上〕　　dziŋ³〔政〕　　giŋ¹〔京〕

【解釋】

形容舉止規矩，表情莊重嚴肅。

【例句】

1. 弟弟聽陳老師解釋健康之道後，知道早睡早起的好處，回家後**一本正經**地對媽媽說：「今後我不再貪看晚間節目了！」

2. 嚴超生性活潑，平時總喜歡和朋友們說笑打鬧，但一到公司上班，就變得**一本正經**起來，儼然是個老練的職員。

也作「一板正經」。

一目十行

普：	yī	mù	shí	háng
粵：	jɐt⁷〔壹〕	muk⁹〔木〕	sɐp⁹〔拾〕	hɔŋ⁴〔航〕

【解釋】

一眼看十行書。這是一種誇張的說法，形容看書極快。

【例句】

1. 如果只是消遣，**一目十行**地看看書，了解個大概，自然未嘗不可。但如果要鑽研知識，這樣讀就不行了。

2. 這麼厚的一本書，他半天就看完了，不是**一目十行**怎麼會有這麼快的速度？

> 不要把這裏的「行」讀成「行動」、「旅行」的「行」。

一成不變 (一成不变)

普：	yī	chéng	bù	biàn
粵：	jɐt⁷〔壹〕	siŋ⁴〔乘〕	bɐt⁷〔筆〕	bin³〔邊陰去〕

【解釋】

形容固定不變。

【例句】

1. 每週工作四十八小時的勞動制度**一成不變**地延續了幾十年，最近已被縮短為四十小時了。

2. 世界在發展，沒有甚麼東西會**一成不變**。

①成：形成。②這條成語原指刑法一經形成就不可改變，但在現代漢語裏一般不再用這個意思。

一年一度

普：	yī	nián	yī	dù
粵：	jɐt⁷〔壹〕	nin⁴〔尼然切〕	jɐt⁷〔壹〕	dou⁶〔杜〕

【解釋】

每年有這麼一次。

【例句】

1. 一年一度的龍舟競渡明天舉行。

2. 民間故事說，牛郎和織女這對夫妻被天河分隔
   着，他們只能一年一度在農曆七月初七的晚上相
   會。

①度：次。②不要把「度」寫成「渡」。

一字之師 （一字之师）

普： yī　　　zì　　　zhī　　　shī

粵： jɐt⁷〔壹〕　dzi⁶〔治〕　dzi¹〔支〕　si¹〔思〕

【解釋】

替別人糾正一個錯字或錯誤讀音，或指出某一字在文句中使用不當的老師。

【例句】

1. 王影為小明改了文章標題中的一個字，小明認為改得好，稱王影是一字之師。

2. 古書上記載了不少一字之師的佳話，說明中國歷來有尊重知識的傳統。

一言半語 (一言半语)

普： yī　　　 yán　　　 bàn　　　 yǔ

粤： jɐt⁷〔壹〕　 jin⁴〔然〕　 bun³〔本陰去〕　 jy⁵〔雨〕

【解釋】

很少的一兩句話。

【例句】

1. 他性情暴躁，只要有**一言半語**衝撞了他，就會大發脾氣。

2. 在一個人孤獨苦悶的時候，**一言半語**的安慰也能使他感到溫暖。

一星半點 (一星半点)

普： yī   xīng   bàn   diǎn

粵： jɛt⁷〔壹〕   siŋ¹〔升〕   bun³〔本陰去〕   dim²〔店陰上〕

【解釋】

形容極少或極小的一點點。

【例句】

1. 對於糧食，**一星半點**也不能浪費，民以食為天啊！

2. <u>素秋</u>受不得**一星半點**的委屈，一受委屈就哭個不停。

一星：形容極少或極小。

一敗塗地 （一败涂地）

普： yī   bài   tú   dì

粵： jɐt⁷〔壹〕 bai⁶〔拜陽去〕 tou⁴〔逃〕 dei⁶〔杜利切〕

【解釋】

形容失敗得很慘，局面不可收拾。

【例句】

1. 這場排球賽，他們輸得**一敗塗地**。

2. 張先生做投機生意**一敗塗地**，本錢蝕光，還欠了
   一身債。

---

①一：一旦。塗地：指肝腦塗地，即肝和腦漿流了一
地，在此形容慘敗的景象。②不要把「塗」寫成「途」。

一望無際 （一望无际）

普： yī　　　wàng　　　wú　　　jì

粵： jɛt⁷〔壹〕　mɔŋ⁶〔亡陽去〕　mou⁴〔毛〕　dzei³〔濟〕

【解釋】

一眼望不到邊。形容十分遼闊。

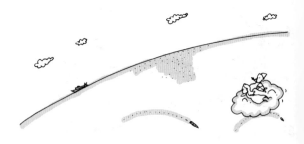

【例句】

1. 巨輪在**一望無際**的大海中連續航行了五個晝夜。

2. 南極大陸冰雪覆蓋，**一望無際**，只有少數幾個國家能在那裏建立考察站。

> ①也作「一望無邊」、「一望無垠」。垠：界限，邊際。
> ②際：邊際。

一清二楚

普：	yī	qīng	èr	chǔ
粵：	jɐt⁷〔壹〕	tsiŋ¹〔青〕	ji⁶〔義〕	tsɔ²〔礎〕

【解釋】

非常清楚。

【例句】

1. 這張遊覽圖把北京的主要名勝古跡標示得一清二楚。

2. 新民為甚麼撒謊，邱老師心裏一清二楚，但沒有當面說破。

這裏的「清楚」既可以指事物容易讓人辨識、理解，也可以指心裏明白、了解。

一視同仁 （一視同仁）

普：	yī	shì	tóng	rén
粵：	jet⁷〔壹〕	si⁶〔事〕	tuŋ⁴〔銅〕	jen⁴〔人〕

【解釋】

不分親疏厚薄，同樣看待。

【例句】

1. 徐老師對全體學生一視同仁，從不厚此薄彼。

2. 政府一視同仁地保護不同種族居民的合法權益，
   受到大家的好評。

①一：相同，一樣。視：看待。仁：仁愛。同仁：指以
同樣的仁愛之心對待他。②不要把「仁」寫成「人」。

一朝一夕

普： yī　　　zhāo　　　yī　　　xī

粵： jɐt⁷〔壹〕　dziu¹〔招〕　jɐt⁷〔壹〕　dzik⁹〔直〕

【解釋】

一個早晨或一個晚上。指很短的時間。

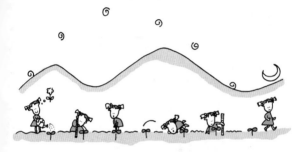

【例句】

1. 瓏瓏的語文成績所以這樣好，決非**一朝一夕**之功，這是她長期努力的結果。

2. 建東這筆秀美的字豈是**一朝一夕**所能練得出來的？不下幾年苦功，難以達到這樣的水平。

---

①朝：早晨。夕：晚上。②不要把這裏的「朝」讀成「朝代」、「熱火朝天」的「朝」。③這條成語大多用在否定或反問的句式中。

一勞永逸 （一劳永逸）

普：	yī	láo	yǒng	yì
粵：	jɐt⁷〔壹〕	lou⁴〔盧〕	wiŋ⁵〔榮陽上〕	jɐt⁹〔日〕

【解釋】

辛苦一次把事情辦好，以後就再也不用費事了。

【例句】

1. 無氟冰箱研製成功後，可以**一勞永逸**地解決冰箱中氟里昂污染環境的問題。

2. 學習不是件可以**一勞永逸**的事，所以俗語說，活到老，學到老。

逸：安閒。

一絲不苟 (一丝不苟)

普： yī   sī   bù   gǒu

粵： jɐt⁷〔壹〕   si¹〔私〕   bɐt⁷〔筆〕   gɐu²〔狗〕

【解釋】

形容做事認真、仔細，一點兒也不馬虎。

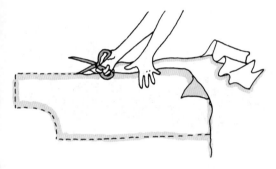

【例句】

1. 陳老師批改作業**一絲不苟**，連標點符號方面的錯誤他也都一一改正過來。

2. 鳳霞**一絲不苟**的工作態度深得人們的讚賞。

①一絲：形容極其細微。苟：馬虎。②不要把「苟」寫成「夠」或「句」。

一塌糊塗 （一塌糊涂）

普： yī　　　　tā　　　　hú　　　　tú

粵： jɐt⁷〔壹〕　　tap⁸〔塔〕　　wu⁴〔胡〕　　tou⁴〔途〕

【解釋】

形容糟糕或亂得不可收拾。

【例句】

1. 小錦太貪玩，不認真讀書，考試成績**一塌糊塗**，
   爸爸、媽媽都在為他着急。

2. 他的房間亂得**一塌糊塗**，真該好好整理一番了。

①不要把這裏的「糊塗」理解為頭腦不清楚，不明事理。
②不要把「塌」寫成或讀成「踏」。

一鼓作氣 (一鼓作气)

普： yī　　　　gǔ　　　　zuò　　　　qì

粵： jɐt⁷〔壹〕　gu²〔古〕　dzɔk⁸〔昨中入〕　hei³〔器〕

【解釋】

比喻趁熱情高、勁頭足的時候一口氣把事情做完。

【例句】

1. 黃老師希望我們在參觀完科學館後，**一鼓作氣**地把參觀記寫出來。

2. 同學們在登山的時候**一鼓作氣**，最後全都到達了山頂。

①鼓：擊鼓。作：振作。氣：勇氣。②這條成語源於《左傳・莊公十年》，指打仗靠的是勇氣，第一次擂響戰鼓的時候，勇氣大振，應該趁這個時候進行戰鬥。現在一般用它的比喻義。

一模一樣 (一模一样)

普：	yī	mú	yī	yàng
粵：	jɐt⁷〔壹〕	mou⁴〔毛〕	jɐt⁷〔壹〕	jœŋ⁶〔讓〕

【解釋】

一個模樣。形容完全相同，沒有甚麼兩樣。

【例句】

1. 這些仿古製品在外觀上和真品**一模一樣**，製作技藝十分高超。

2. 兩位孿生兄弟長得**一模一樣**，外人很難分清楚。

一諾千金 （一诺千金）

普：	yī	nuò	qiān	jīn
粵：	jɐt⁷〔壹〕	nɔk⁹〔挪岳切〕	tsin¹〔遷〕	gɐm¹〔今〕

【解釋】

許下的諾言價值千金。形容諾言的信用極高，答應了的事一定做到。

【例句】

1. 張秀勤先生是位**一諾千金**的人，既然他親口答應了，你們就儘管放心吧。

2. 責任感強的人**一諾千金**，困難再大，他也會千方百計去實踐自己的諾言。

①也作「千金一諾」。②諾：許諾。

一舉數得 （一举数得）

普：	yī	jǔ	shù	dé
粵：	jɐt⁷〔壹〕	gœy²〔矩〕	sou³〔訴〕	dɐk⁷〔德〕

【解釋】

做一件事，同時得到幾方面的好處。

【例句】

1. 假日外出旅遊，**一舉數得**，不但可以愉悅身心，還可以增廣見聞，所以受到越來越多人的喜愛。

2. 在山坡上植樹造林是**一舉數得**的好事，既可防止水土流失，又能美化環境，還可增加木材蓄積量，何樂而不為呢？

①也作「一舉兩得」，指做一件事，同時得到兩方面的好處。②舉：行動。指做事或採取措施。

一臂之力

普：	yī	bì	zhī	lì
粵：	jet⁷〔壹〕	bei³〔秘〕	dzi¹〔支〕	lik⁹〔歷〕

【解釋】

一隻胳膊使出的力量。比喻其中的一部份力量或不大的力量。它常常用在「助」、「幫」、「借」、「效」等的後面，表示從旁協助。

【例句】

1. 多虧新平助**一臂之力**，提供有關資料，我才能把這篇論文順利完成。

2. 如果你肯幫他**一臂之力**，我相信他會感激不盡的。

一竅不通 (一窍不通)

普：	yī	qiào	bù	tōng

| 粵： | jɐt⁷〔壹〕 | hiu³〔曉 陰去〕 | bɐt⁷〔筆〕 | tuŋ¹〔同 陰平〕 |

【解釋】

比喻一點也不懂。

【例句】

1. 這個培訓班是專為對電腦**一竅不通**的人開設的。

2. 浩東原先對現代科技知識**一竅不通**，自從參觀過科學館後，眼界大開，學習的興趣越來越濃厚。

> 竅：孔，洞，這裏指心竅。古人認為心有竅，心竅通，人就聰明；心竅不通，就不明事理。

一籌莫展 (一筹莫展)

普：	yī	chóu	mò	zhǎn

粵：	jɐt⁷〔壹〕	tsɐu⁴〔酬〕	mɔk⁹〔漠〕	dzin²〔剪〕

【解釋】

一點計策也施展不出，一點辦法也想不出。

【例句】

1. 啟明遇到這種不明事理的人簡直**一籌莫展**，不知道如何是好。

2. 這件事十分棘手，連一向精明的許主任也感到**一籌莫展**。

籌：原指一種竹片，是計數的用具。引申指計策，辦法。展：施展。

七手八腳 （七手八脚）

普： qī　　　shǒu　　　bā　　　jiǎo

粵： tsɐt⁷〔漆〕　sɐu²〔首〕　bat⁸〔波壓切〕　gœk⁸〔哥約切中入〕

【解釋】

形容眾人一起動手，人多手雜的樣子。

【例句】

1. 同學們**七手八腳**，很快就把演講比賽的場地佈置好了。

2. 天快下雨了，我和弟弟、妹妹**七手八腳**地忙把晾在外面的衣服收進屋裏。

> 這條成語不能用於形容一個人手忙腳亂的情形。

七嘴八舌

普：	qī	zuǐ	bā	shé
粵：	tsɐt⁷〔漆〕	dzœy²〔咀〕	bat⁸〔波壓切〕	sit⁸〔洩〕

【解釋】

形容人多嘴雜，你一言我一語，議論紛紛。

【例句】

1. 說到旅行地點，同學們**七嘴八舌**地發表意見，最後還是決定到海洋公園去。

2. 看完電影，大家邊走邊談觀感，**七嘴八舌**，討論得十分熱烈。

人山人海

普：	rén	shān	rén	hǎi
粵：	jɛn⁴〔仁〕	san¹〔珊〕	jɛn⁴〔仁〕	hɔi²〔凱〕

【解釋】

形容聚集的人非常多。

【例句】

1. 春節的花市上**人山人海**，人們到這裏不光是來選購鮮花，更是來感受春天的氣息。

2. 世界盃足球賽決賽那天，體育場裏出現了**人山人海**的壯觀場面，球迷們狂熱地為球員呼喊助威。

三三兩兩 （三三兩兩）

普：	sān	sān	liǎng	liǎng
粵：	sam¹〔衫〕	sam¹〔衫〕	lœŋ⁵〔倆〕	lœŋ⁵〔倆〕

【解釋】

三個、兩個地在一起。

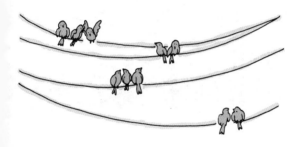

【例句】

1. 夏日傍晚，人們**三三兩兩**地在公園散步。

2. 湖裏的採蓮船**三三兩兩**，出沒於蓮葉叢中。

三五成羣

普：	sān	wǔ	chéng	qún
粵：	sam¹〔衫〕	ŋ⁵〔午〕	siŋ⁴〔乘〕	kwɐn⁴〔裙〕

【解釋】

三個一伙，五個一羣。

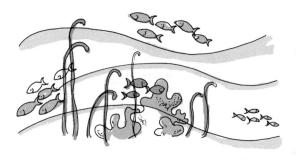

【例句】

1. 公園裏，小朋友們**三五成羣**地追逐嬉戲，不時傳出一陣陣歡樂的笑聲。

2. 村邊的小河旁綠柳成蔭，河裏的魚兒**三五成羣**，有的在覓食，有的悠閒地游來游去。

三心二意

普： sān xīn èr yì

粵： sam¹〔衫〕 sɐm¹〔深〕 ji⁶〔義〕 ji³〔衣陰去〕

【解釋】

心裏想這樣，又想那樣。形容拿不定主意或意念不專一。

【例句】

1. 從化溫泉是個旅遊勝地，明天我們一起去，你別三心二意了，趕快決定吧。

2. 如果在讀書的時候還惦記着玩，三心二意，怎麼能把知識學好呢？

三更半夜

普： sān　　　gēng　　　bàn　　　yè

粵： sam¹〔衫〕　geng¹〔羹〕　bun³〔本陰去〕　jɛ⁶〔野陽去〕

【解釋】

指深夜。

【例句】

1. **三更半夜**，幾聲清脆的汽車喇叭聲把我從夢中驚醒。

2. 曉東跳舞至**三更半夜**才回家，令家人焦急萬分。

---

①也作「深更半夜」、「半夜三更」。②舊時一夜分為五更，每更大約兩個小時，三更為深夜十二時左右。③不要把這裏的「更」讀成「更加」、「更上一層樓」的「更」。

三言兩語 （三言两语）

普：	sān	yán	liǎng	yǔ
粵：	sam¹〔衫〕	jin⁴〔然〕	lœŋ⁵〔倆〕	jy⁵〔雨〕

【解釋】

三兩句話。形容話語不多。

【例句】

1. 海森三言兩語就把事情的關鍵說清楚了。

2. 關於那位新結識的朋友，小華在信中曾經提及，
   不過只有三言兩語，所以我也不了解詳情。

下筆成篇 （下笔成篇）

普：	xià	bǐ	chéng	piān
粵：	ha⁶〔夏〕	bɐt⁷〔不〕	siŋ⁴〔乘〕	pin¹〔偏〕

【解釋】

一動筆就能很快寫成文章。形容文思敏捷，有才華。

【例句】

1. 志新才思敏捷，**下筆成篇**，同學們都認為他將來會成為作家。

2. 唐代大詩人杜甫說過：「讀書破萬卷，下筆如有神。」可見**下筆成篇**的本領和刻苦學習是分不開的。

①也作「下筆成章」、「落筆成章」、「走筆成章」。②篇：指首尾完整的詩文。

大功告成

普：	dà	gōng	gào	chéng
粵：	dai⁶〔帶陽去〕	guŋ¹〔工〕	gou³〔高陰去〕	siŋ⁴〔乘〕

【解釋】

巨大的工程或重大的任務宣告完成。

【例句】

1. 澳門國際機場經過幾年來的緊張施工，終於大功告成，正式啟用了。

2. 家強參加了全港模型設計大賽，正日以繼夜地趕工，希望有**大功告成**的一天。

---

①功：功業，事業。「功敗垂成」、「功成身退」中的「功」也是這個意思。告：宣告。②不要把「功」寫成「工」。

大打出手

普：	dà	dǎ	chū	shǒu
粵：	dai⁶〔帶陽去〕	da²〔多啞切〕	tsœt⁷〔齣〕	sɐu²〔首〕

【解釋】

指野蠻地逞兇打人或互相毆打。

【例句】

1. 這些不良青年常常為了一點小事**大打出手**，攪得區內不得安寧。

2. <u>小芳</u>被這種**大打出手**的場面嚇壞了，趕緊跑回家去。

大失所望

普：	dà	shī	suǒ	wàng

粵：	dai⁶〔帶陽去〕	sɐt⁷〔室〕	sɔ²〔鎖〕	mɔŋ⁶〔亡陽去〕

【解釋】

原來的希望完全落空。形容非常失望。

【例句】

1. 本以為在<u>九龍中央圖書館</u>能借到這本書，不料它竟已被人借走了，我只好**大失所望**地回家。

2. 這場由名演員主演的電影一點也不精彩，叫人**大失所望**。

所望：寄予的希望。

大惑不解

普：	dà	huò	bù	jiě
粵：	dai⁶〔帶陽去〕	wak⁹〔或〕	bɐt⁷〔筆〕	gai²〔佳陰上〕

【解釋】

極感疑惑，不能理解。

【例句】

1. 他上次還十分讚賞我們的做法，現在卻突然反對起來，這種態度上的改變實在使人**大惑不解**。

2. 對於先有雞，還是先有蛋的問題，弟弟想了很久，仍是流露出一副**大惑不解**的神情。

①惑：疑惑。解：理解。②它有時含有不滿或質問的意思。不要把「惑」寫成「或」。

大開眼界 （大开眼界）

普： dà　　　kāi　　　yǎn　　　jiè

粵： dai⁶〔帶陽去〕　hɔi¹〔海陰平〕　ŋan⁵〔顏陽上〕　gai³〔介〕

【解釋】

大大開闊了見識的範圍。

【例句】

1. 深圳世界之窗一遊，使君寶大開眼界。

2. 讀了這些課外書，令我大開眼界，原來世界是如此的豐富多彩！

> 開：擴展。眼界：所見事物的範圍，見識的範圍。

大發雷霆 （大发雷霆）

普： dà　　　　fā　　　　léi　　　　tíng

粵： dai⁶〔帶陽去〕　fat⁸〔法〕　lœy⁴〔擂〕　tiŋ⁴〔停〕

【解釋】

大發脾氣，高聲斥責。

【例句】

1. 霍經理得知有人屢次擅離職守，不由得**大發雷霆**，說非要嚴肅處理不可。

2. 他這種稍不順心就**大發雷霆**的性格，使別人很難與他融洽相處。

---

①雷霆：原指天空中的暴雷，聲音很響。人在發怒時常常大聲呵斥，響如雷霆，所以也用雷霆比喻怒氣。「雷霆之怒」中的「雷霆」也是這個意思。② 不要把「霆」寫成「庭」。

大搖大擺 （大摇大摆）

普：	dà	yáo	dà	bǎi
粵：	dai⁶〔帶陽去〕	jiu⁴〔姚〕	dai⁶〔帶陽去〕	bai²〔敗陰上〕

【解釋】

走路時身體大幅度地左右晃動。常常用來形容人滿不在乎或神氣十足的樣子。

【例句】

1. 胖叔叔走起路來**大搖大擺**的，小朋友們常常模仿他的動作，扮得很有趣。

2. 鄭經理**大搖大擺**地進了公司大門，派頭十足。

「大搖大擺」描寫的是人走路的姿態，但它所表現的人的精神狀態並不都是一樣的，這需要結合上下文義來加以分辨。

大驚小怪 (大惊小怪)

普： dà　　　　jīng　　　xiǎo　　　guài

粵： dai⁶〔帶陽去〕　giŋ¹〔京〕　siu²〔笑陰上〕　gwai³〔拐陰去〕

【解釋】

形容對於不足為奇的事過分驚訝。

【例句】

1. 日蝕和月蝕都是天體運行中的自然現象，用不着大驚小怪。

2. 小貓抓着絨線團在地下滾來滾去，妹妹看見，大驚小怪地尖叫起來，把我嚇了一跳。

驚：吃驚，感到驚訝。怪：覺得奇怪。

大顯身手 （大显身手）

普：	dà	xiǎn	shēn	shǒu
粵：	dai⁶〔帶陽去〕	hin²〔遣〕	sɐn¹〔辛〕	sɐu²〔首〕

【解釋】

充分顯露自己的本領。

【例句】

1. 花道祕密練兵，準備在籃球比賽中**大顯身手**。

2. 這次合唱比賽正是我們**大顯身手**的時候，我們一定要努力爭勝。

顯：表現，顯露。身手：原指武藝，後來也用來指其他方面的本領。「好身手」、「身手不凡」中的「身手」，也是這個意思。

才高八斗

普： cái   gāo   bā   dǒu

粵： tsɔi⁴〔財〕   gou¹〔膏〕   bat⁸〔波壓切〕   dɐu²〔抖〕

【解釋】

形容文才很高。

煮豆持作羹，
豆在釜中泣。
本是同根生，
相煎何太急？

【例句】

1. 三國時代的曹植才高八斗，是著名的文學家。

2. 這位才高八斗的詩人已經出版了好幾本詩集，他的詩很受人喜愛。

八斗：比喻才高。據說南朝宋的文學家謝靈運曾經說過：「天下才有一石，曹子建獨佔八斗，我得一斗，天下共分一斗。」

寸步不離 (寸步不离)

普： cùn　　　bù　　　bù　　　lí

粵： tsyn³〔串〕 bou⁶〔部〕 bɐt⁷〔筆〕 lei⁴〔梨〕

【解釋】

一步也不離開。

【例句】

1. 這兩位好朋友常常都在一起，**寸步不離**，別人還以為他們是親兄弟呢！

2. 志華在碼頭上**寸步不離**地守着行李，生怕有個閃失。

①寸步：形容很短距離。②「寸步不離」可以表示關係密切，也可以表示由於某種原因而一步也不離開。

寸草不生

普：	cùn	cǎo	bù	shēng
粵：	tsyn³〔串〕	tsou²〔粗陰上〕	bɐt⁷〔筆〕	sɐŋ¹〔甥〕

【解釋】

一根小草也不生長。

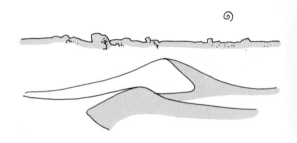

【例句】

1. 在**寸草不生**的沙漠裏，駱駝是最理想的交通工具。

2. 新疆<u>吐魯番</u>的<u>火燄山</u>是座紅色砂巖山，山上**寸草不生**。

> 多用於形容土地貧瘠或乾旱嚴重，植物無法生長。

口乾舌燥 （口干舌燥）

普：	kǒu	gān	shé	zào
粵：	hɐu²〔厚陽上〕	gɔn¹〔干〕	sit⁸〔洩〕	tsou³〔噪〕

【解釋】

形容嘴裏非常乾。

【例句】

1. 他們頂着烈日趕了一天路，**口乾舌燥**，嗓子眼裏都快冒煙了。

2. <u>小欣</u>反復向<u>馬輝</u>作解釋，說得**口乾舌燥**，還是沒有多大效果。

①燥：缺少水分。②不要把「燥」寫成「躁」。

千方百計 (千方百计)

普： qiān　　fāng　　bǎi　　jì

粵： tsin¹〔遷〕　　fɔŋ¹〔芳〕　　bak⁸〔伯〕　　gɐi³〔繼〕

【解釋】

想盡種種辦法。

【例句】

1. 銘舅**千方百計**為我弄來一張到紅磡體育館欣賞巨星演唱會的入場券，我高興得跳了起來。

2. 為了把課文中的短劇《可笑的女子》搬上舞台，同學們**千方百計**，終於備齊了演出所需的各種服裝和道具。

> 方：方法。「想方設法」中的「方」也是這個意思。計：計謀，辦法。

千言萬語 （千言万语）

普： qiān　　　yán　　　wàn　　　yǔ

粵： tsin¹〔遷〕　jin⁴〔然〕　man⁶〔慢〕　jy⁵〔雨〕

【解釋】

形容許許多多的話。

【例句】

1. 我們在老師的培育下健康成長，**千言萬語**也表達
   不盡對他們的感激之情。

2. 飄泊異鄉的遊子回到了母親身旁，悲喜交加，他
   有**千言萬語**要向母親傾訴，卻不知從何說起。

千辛萬苦 （千辛万苦）

普： qiān　　　xīn　　　wàn　　　kǔ

粵： tsin¹〔遷〕　sɐn¹〔新〕　man⁶〔慢〕　fu²〔虎〕

【解釋】

形容許許多多的辛勞艱苦。

【例句】

1. 雪山上的這座氣象站是科學家**千辛萬苦**建立起來的，它所搜集的氣象資料有重要的研究價值。

2. 伯父移民加拿大後，經過**千辛萬苦**才創下自己的事業。

千奇百怪

普： qiān　　　qí　　　bǎi　　　guài

粵： tsin¹〔遷〕　kei⁴〔其〕　bak⁸〔伯〕　gwai³〔拐陰去〕

【解釋】

形容事物奇特怪異，多種多樣。

【例句】

1. 《世界珍聞》這本書輯錄了許多**千奇百怪**的事，信不信由你。

2. 海濱的貝殼**千奇百怪**，如果你留心去找，常常會帶給你意外的驚喜。

千姿百態 （千姿百态）

普： qiān　　　zī　　　bǎi　　　tài

粵： tsin¹〔遷〕　dzi¹〔知〕　bak⁸〔伯〕　tai³〔太〕

【解釋】

形容各種各樣的姿態、形狀。

【例句】

1. 花市上**千姿百態**的各類花卉，爭芳鬥豔，令人流連忘返。

2. 這位舞蹈家的表演**千姿百態**，生動傳神，真叫人佩服。

姿：姿勢。態：形狀。

千篇一律

普： qiān　　piān　　yī　　lù

粵： tsin¹〔遷〕　pin¹〔偏〕　jɐt⁷〔壹〕　lœt⁹〔栗〕

【解釋】

原指很多篇詩文都是一個樣子。現在也用來比喻事物只有一種形式，缺乏變化。

【例句】

1. 文章如果寫得**千篇一律**，毫無新意，又有誰願意讀呢？

2. **千篇一律**的作文題目，真叫人難以下筆。

①一律：一個樣子。②不要把「篇」寫成「遍」。

千難萬險 (千难万险)

普： qiān　　　nán　　　　wàn　　　　xiǎn

粵： tsin¹〔遷〕　nan⁴〔尼閒切〕　man⁶〔慢〕　him²〔謙陰上〕

【解釋】

形容重重困難和危險。

【例句】

1. 中國南極考察隊克服**千難萬險**，終於在這片冰雪
   覆蓋的大陸上建立起自己的工作站。

2. 在通往西域的道路上縱然有**千難萬險**，也動搖不
   了張騫完成使命的決心。他先後到了西域好幾個
   國家，開拓了漢朝的對外通道。

千變萬化 (千变万化)

普： qiān　　　biàn　　　wàn　　　huà

粵： tsin¹〔遷〕　bin³〔邊陰去〕　man⁶〔慢〕　fa³〔花陰去〕

【解釋】

形容變化非常多。

【例句】

1. 我家的窗戶正對着樹木葱蘢的鳳凰山，春夏秋冬，風雨陰晴，山上**千變萬化**的景色讓人總看不厭。

2. 文章的寫法**千變萬化**，不存在一種固定的模式。

亡羊補牢 (亡羊补牢)

普： wáng　　yáng　　bǔ　　láo

粵： mɔŋ⁴〔忙〕　jœŋ⁴〔陽〕　bou²〔寶〕　lou⁴〔勞〕

【解釋】

發現羊從羊圈裏走失後趕緊修補羊圈。比喻出了差錯或受到損失後及時設法補救。

【例句】

1. 家慧因為太貪玩，成績一落千丈，如果她從現在起抓緊時間學習，亡羊補牢，必能迎頭趕上。

2. 你只要明白自己錯在哪裏，亡羊補牢，現在也還來得及。

①亡：丟失，走失，與「歧路亡羊」中的「亡」同義。牢：關養牲畜的圈。②這條成語出自《戰國策·楚策四》，原文為「亡羊而補牢，未為遲也」。現在使用這條成語時，它的後面也往往承接「未為晚」、「未為遲」這類的內容。

小心翼翼

普： xiǎo　　　　xīn　　　　yì　　　　yì

粵： siu²〔笑陰上〕　　səm¹〔深〕　　jik⁹〔亦〕　　jik⁹〔亦〕

【解釋】

形容舉動極其謹慎，絲毫不敢疏忽。

【例句】

1. 慧明**小心翼翼**地揭開腿上的紗布，發現傷口已經完全長好了。

2. 弟弟端着金魚缸走進屋來，**小心翼翼**，生怕失手。

「小心翼翼」原來形容嚴肅恭敬的樣子，但在現代漢語裏一般不再使用這一意思。

小心謹慎 （小心謹慎）

普： xiǎo　　　 xīn　　　 jǐn　　　 shèn

粵： siu²〔笑陰上〕　 sɛm¹〔深〕　 gɛn²〔緊〕　 sɛn⁶〔腎〕

【解釋】

形容說話、做事非常謹慎留神，絲毫不敢馬虎大意。

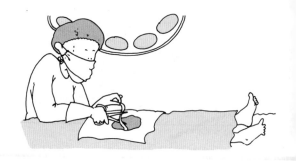

【例句】

1. 爸爸媽媽叮囑文華說：「你一個人出國，要處處**小心謹慎**，免惹是非。」

2. 羅先生是個**小心謹慎**的人，不會做冒險的事。

> 小心：留神，毫不大意。

小題大做 (小題大做)

普： xiǎo   tí   dà   zuò

粵： siu²〔笑陰上〕 tɐi⁴〔提〕 dai⁶〔帶陽去〕 dzou⁶〔造〕

【解釋】

用一個小題目來做大文章。比喻把一件小事渲染得很大，或當作大事來處理。含有不恰當或不值得的意思。

【例句】

1. 澄波上體育課時不小心摔倒在地，擦破皮，滲出了一點血，就嚇得要去叫救護車，這未免小題大做了。

2. 政府呼籲市民節約用水，這並非小題大做，因為這些水的確來得不容易啊！

井井有條 （井井有条）

普：	jǐng	jǐng	yǒu	tiáo
粵：	dziŋ²〔整〕	dziŋ²〔整〕	jɐu⁵〔友〕	tiu⁴〔迢〕

【解釋】

形容條理分明，很有次序，一點也不亂。

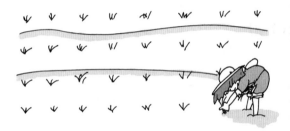

【例句】

1. 王祕書十分精明，辦事**井井有條**。

2. 學校圖書館裏各類圖書擺放得**井井有條**，查閱十分方便。

> 井井：形容整齊而有條理的樣子。條：條理，次序。「有條不紊」中的「條」也是這個意思。

井底之蛙

普： jǐng   dǐ   zhī   wā

粵： dziŋ²〔整〕   dɐi²〔抵〕   dzi¹〔支〕   wa¹〔娃〕

【解釋】

井底下的青蛙只能看到井口那麼大的一片天，所以用井底之蛙來比喻見識狹隘的人。

【例句】

1. 現在新事物、新知識那麼多，如果我們不加緊學習，就難免要成為**井底之蛙**了。

2. 他像個**井底之蛙**，孤陋寡聞，可還夜郎自大，真是既可悲又可笑。

與「井底之蛙」相聯繫的另一條成語是「坐井觀天」，形容眼界狹隘，所見有限。它用來比喻人的見識，而「井底之蛙」用來比喻人，要注意二者的區別。

天下無難事，
只怕有心人

（天下无难事，只怕有心人）

普：	tiān	xià	wú	nán	shì,
	zhǐ	pà	yǒu	xīn	rén

粵：	tin¹〔田陰平〕	ha⁶〔夏〕	mou⁴〔毛〕	nan⁴〔尼閒切〕	si⁶〔是〕,
	dzi²〔止〕	pa³〔爬陰去〕	jɐu⁵〔友〕	sɐm¹〔深〕	jɐn⁴〔仁〕

【解釋】

世界上沒有難以做到的事，只要下決心去做，就可以做
到。

• 60 •

【例句】

1. 「天下無難事，只怕有心人。」萊特兄弟研究製造
   飛機終於獲得成功，不就是最好的證明嗎？

2. 在我學習遇到困難的時候，我常常想起「天下無難
   事，只怕有心人」這句話，它鼓勵我不灰心，不退
   縮，努力去爭取好成績。

①也作「世上無難事，只怕有心人」。②有心人：指有某
種志願、肯下決心的人。

天真爛漫 (天真烂漫)

普: tiān　　　zhēn　　　làn　　　màn

粵: tin¹〔田 陰平〕　dzɐn¹〔珍〕　lan⁶〔蘭 陽去〕　man⁶〔慢〕

【解釋】

純真自然，毫不虛偽做作。大多用於形容少年兒童。

【例句】

1. 孩子們**天真爛漫**，常常會提出一些十分有趣的問題，大人們有時也不知如何回答才好。

2. 她有着一種**天真爛漫**的性格，雖然年齡增大了，這種性格卻沒有絲毫改變。

①爛漫：坦率自然，毫不做作。②不要把這裏的「爛漫」理解為顏色鮮明美麗。

天倫之樂 (天伦之乐)

普： tiān　　　　lún　　　　zhī　　　　lè

粵： tin¹〔田陰平〕　lœn⁴〔鄰〕　dzi¹〔支〕　lɔk⁹〔落〕

【解釋】

指家庭中骨肉團聚的歡樂。

【例句】

1. 思凡在外地上大學，只有到假期才能回家享受**天倫之樂**。和家人在一起，他覺得格外溫馨。

2. 中國人是十分重視**天倫之樂**的。

天倫：原指兄先弟後的天然倫次，所以稱兄弟為天倫。
後來也泛指家庭骨肉間的天然親屬關係。

天高氣爽 （天高气爽）

普： tiān　　　gāo　　　qì　　　shuǎng

粵： tin¹〔田 陰平〕　gou¹〔膏〕　hei³〔器〕　sɔŋ²〔嗓〕

【解釋】

天空高曠，天氣晴朗。

【例句】

1. 在**天高氣爽**的假日裏，到沙田騎單車的人很多。

2. 每當秋季，**天高氣爽**，我們幾個好朋友總要相邀一起到西山登高遠眺。

天壤之別

普：	tiān	rǎng	zhī	bié
粵：	tin¹〔田 陰平〕	jœŋ⁶〔讓〕	dzi¹〔支〕	bit⁹〔必 陽入〕

【解釋】

形容差別極大，就像天上和地下一樣。

【例句】

1. 他們兄弟二人的性格有**天壤之別**，一個沉靜，一個卻浮躁得很。

2. 中國的方言很多，有些方言之間在發音上存在着**天壤之別**，你說的方言別人聽不懂，那又怎麼能進行交流呢？

①也作「天淵之別」、「霄壤之別」。淵：深水。霄：天空。②壤：地。別：差別，與「雲泥之別」的「別」同義。

五光十色

普：	wǔ	guāng	shí	sè

| 粵： | ŋ⁵〔午〕 | gwɔŋ¹〔廣_{陰上}〕 | sɐp⁹〔拾〕 | sik⁷〔式〕 |

【解釋】

形容色彩艷麗，花樣繁多。

【例句】

1. 商店裏陳列着**五光十色**的聖誕禮物，前來選購的顧客川流不息。

2. 尖東的霓虹管**五光十色**，充分表現了香港繁華的一面。

> 一般用於形容具體的物品。

五彩繽紛 (五彩缤纷)

普：	wǔ	cǎi	bīn	fēn
粵：	ŋ⁵〔午〕	tsɔi²〔採〕	bɐn¹〔賓〕	fɐn¹〔分〕

【解釋】

形容色彩繁多而艷麗，非常好看。

【例句】

1. 公園裏鮮花盛開，**五彩繽紛**，美麗的蝴蝶在花叢中翩翩飛舞。

2. 瀏陽是湖南省的一個縣，到過瀏陽的人雖然不多，但它所生產的**五彩繽紛**的煙火，卻曾照亮過世界上很多國家的夜空。

> 繽紛：形容繁多錯雜。

五顏六色 （五顏六色）

普： wǔ　　　yán　　　liù　　　sè

粵： ŋ⁵〔午〕　　ŋan⁴〔眼陽平〕　　luk⁹〔陸〕　　sik⁷〔式〕

【解釋】

形容色彩紛繁。

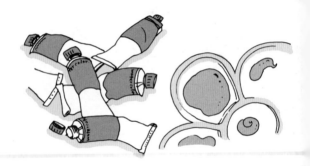

【例句】

1. 幼稚園牆上貼滿了**五顏六色**的圖畫，都是小朋友們的精心傑作。

2. 櫥窗裏的絲綢**五顏六色**，流光溢彩，每一種都是那麼漂亮。

五體投地 (五体投地)

普： wǔ   tǐ   tóu   dì

粵： ŋ⁵〔午〕 tɐi²〔睇〕 tɐu⁴〔頭〕 dei⁶〔杜利切〕

【解釋】

比喻敬佩到極點。

【例句】

1. 他的歌聲鏗鏘悅耳，扣人心弦，令人佩服得**五體投地**。

2. 振清對恩師**五體投地**，把恩師的道德和學問都奉為楷模。

五體：指兩肘、兩膝和頭。投：置放。「五體投地」原指兩肘、兩膝和頭一起著地。這是佛教最恭敬的禮節。現代漢語裏經常用的大多是它的比喻義。

不可思議 (不可思议)

普：　bù　　　　kě　　　　sī　　　　yì

粵：　bɐt⁷〔筆〕　hɔ²〔何陰上〕　si¹〔司〕　ji⁵〔以〕

【解釋】

不可想像，不可理解。

【例句】

1. 萬里傳音，過去被看成是**不可思議**的事。但自從發明了電話，這已經是活生生的事實了。

2. 電腦能用閃電般的速度進行複雜的計算，這種能力簡直令人**不可思議**。

---

①「不可思議」原是佛家用語，含有神祕、深奧、玄妙的意思。「思」指以心思索。「議」指以言評議。②不要把「議」寫成「意」或「義」。

不可開交 (不可开交)

普: bù　　　　kě　　　　kāi　　　　jiāo

粵: bɐt⁷〔筆〕　hɔ²〔何陰上〕　hɔi¹〔海陰平〕　gau¹〔郊〕

【解釋】

無法擺脫或不能了結。一般用在「得」字之後，表示沒完沒了、難解難分，或在程度上達到極點。

【例句】

1. 婉美這幾天正幫助慈善團體募捐經費，忙得**不可開交**。

2. 他們兩人為斑馬和鴕鳥哪個跑得快而爭得**不可開交**。

開交：結束，解決，擺脫。現代漢語裏它一般只用在表示否定的場合。

不求上進 (不求上进)

普： bù　　　qiú　　　shàng　　　jìn

粵： bɐt⁷〔筆〕　　kɐu⁴〔球〕　　sœŋ⁶〔尚〕　　dzœn³〔俊〕

【解釋】

不努力向上，不追求進步。

【例句】

1. 一個**不求上進**的人是不可能受到別人的尊重的。

2. 裕民原先**不求上進**，經過老師和父母的教導後，變得奮發向上了。

求：追求。上進：向上，進步。

不言而喻

普： bù   yán   ér   yù

粵： bɐt⁷〔筆〕   jin⁴〔然〕   ji⁴〔兒〕   jy⁶〔遇〕

【解釋】

用不着說就可以明白。

【例句】

1. 貪心的害處是**不言而喻**的，我們千萬不要做貪心
   的人。

2. 母愛偉大是**不言而喻**的真理。

> 喻：明白，了解。「家喻戶曉」中的「喻」也是這個意思。

不知不覺 (不知不觉)

普：	bù	zhī	bù	jué
粵：	bɐt⁷〔筆〕	dzi¹〔支〕	bɐt⁷〔筆〕	gɔk⁸〔角〕

【解釋】

沒有感覺到。

【例句】

1. 春天在**不知不覺**間來到了我們身旁。

2. 浩南和明揚邊走邊談，**不知不覺**就到了太空館，他們今天是專程來這裏參觀的。

不要把這裏的「覺」讀成「睡覺」的「覺」。

不知所措

普：	bù	zhī	suǒ	cuò
粵：	bɐt⁷〔筆〕	dzi¹〔支〕	sɔ²〔鎖〕	tsou³〔噪〕

【解釋】

形容由於受窘、驚慌或着急而沒了主意，不知道怎麼辦才好。

【例句】

1. 妹妹做手工作業時不小心把手割破，滲出了血，她慌得**不知所措**，大哭起來。

2. 我初次登臺演話劇的時候真有點**不知所措**，連走路都發僵，過了好一會兒才鎮靜下來。

①措：安排，處置。②不要把「措」寫成「錯」。

不屈不撓 (不屈不挠)

普：	bù	qū	bù	náo
粵：	bɐt⁷〔筆〕	wɐt⁷〔鬱〕	bɐt⁷〔筆〕	nau⁴〔錨〕

【解釋】

形容在困難或惡勢力面前不屈服，不低頭，意志堅強。

【例句】

1. 史懷哲在非洲行醫，遇到過數不清的困難，但他**不屈不撓**，一直堅持下來，贏得了舉世的讚揚。

2. 孫中山先生為推翻帝制，建立共和國，向清朝統治者展開了**不屈不撓**的鬥爭。

①屈：屈服。撓：彎曲。這裏比喻屈服。②不要把「撓」讀成「堯」。

不計其數 （不计其数）

普： bù　　　　jì　　　　qí　　　　shù

粵： bɐt⁷〔筆〕　gɐi³〔繼〕　kei⁴〔奇〕　sou³〔訴〕

【解釋】

數目多得無法計算。形容很多。

【例句】

1. 星期天到<u>中環</u>來娛樂消閒的人**不計其數**，好一派熱鬧的景象。

2. 每年冬天，都有**不計其數**的紅嘴鷗飛到<u>昆明</u>過冬，<u>昆明</u>市民對這些遠方來客非常友好。

①計：計算。②不要把「計」寫成「記」。

不約而同 (不约而同)

普：	bù	yuē	ér	tóng
粵：	bɐt⁷〔筆〕	jœk⁸〔若中入〕	ji⁴〔兒〕	tuŋ⁴〔銅〕

【解釋】

沒有經過商量或約定而彼此的行動或看法完全一致。

【例句】

1. 大雄的歌聲剛落，同學們**不約而同**地鼓起掌來。

2. 說到扮演劇中武松這個角色的人選時，我和達智**不約而同**，都想起了立明，認為他是最合適的。

約：約定。同：相同。這裏指行動或看法相同。

不恥下問 (不耻下问)

普：	bù	chǐ	xià	wèn
粵：	bet⁷〔筆〕	tsi²〔始〕	ha⁶〔夏〕	men⁶〔聞陽去〕

【解釋】

不把向地位比自己低或學問比自己小的人請教看作羞恥。表示人虛心求教。

【例句】

1. 春鳳勤奮好學，**不恥下問**，幾年來進步很大。
2. 一個人想真正學到知識，就應該有**不恥下問**的精神。

> 恥：認為羞恥。

不眠不休

普：	bù	mián	bù	xiū
粵：	bet⁷〔筆〕	min⁴〔棉〕	bet⁷〔筆〕	jɛu¹〔憂〕

【解釋】

不睡覺不休息。形容夜以繼日，不知疲倦地工作。

【例句】

1. 科學家在做實驗的時候常常**不眠不休**，有時要連續工作好幾個晝夜。

2. 洪水快要來了，工人們正**不眠不休**地加固河堤，不能讓它決口。

不倫不類 (不伦不类)

普：	bù	lún	bù	lèi
粵：	bɐt⁷〔筆〕	lœn⁴〔鄰〕	bɐt⁷〔筆〕	lœy⁶〔淚〕

【解釋】

既不像這一類，也不像那一類。形容不成樣子或不規範。

【例句】

1. 大雄梳了個**不倫不類**的髮型，班裏同學看到後都笑得直不起腰來。

2. 他的文章寫得**不倫不類**，白話文裏夾雜些生硬的文言，讀起來極不順暢。

倫：類。不倫：不是同一類。

不能自拔

普： bù   néng   zì   bá

粵： bet⁷〔筆〕   neŋ⁴〔尼恆切〕   dzi⁶〔字〕   bet⁹〔跋〕

【解釋】

陷入某種境地，自己無法擺脫。

【例句】

1. 張老師講了一個誤交損友而**不能自拔**的少年的可悲遭遇，告誡我們小心交友。

2. 柏偉正在痛苦中**不能自拔**，我們是他的好朋友，應該主動去幫助他。

①拔：拔出來，擺脫。②這條成語現在大多用於表示無法主動從痛苦、錯誤或罪惡中擺脫出來。

不假思索

普： bù　　　　jiǎ　　　　sī　　　　suǒ

粵： bɐt⁷〔筆〕　　ga²〔賈〕　　si¹〔司〕　　sak⁸〔沙嚇切中入〕

【解釋】

不經思考就作出反應。

【例句】

1. 老師問樹榮假日最希望到哪兒玩，樹榮**不假思索**
   地回答：「海洋公園。」

2. 據說中國古代有的才子文思敏捷，常常**不假思索**
   就能寫出很好的詩文來。

> ①假：借助，依靠。「假公濟私」、「狐假虎威」中的「假」
> 也是這個意思。思索：思考。②不要把這裏的「假」讀成
> 「假日」、「放假」的「假」。

不務正業 (不务正业)

普： bù　　　　wù　　　　zhèng　　　yè

粵： bɐt⁷〔筆〕　mou⁶〔冒〕　dziŋ³〔政〕　jip⁹〔葉〕

【解釋】

不從事正當的職業。也指不做自己應該做的事，而去做別的事。

【例句】

1. 日華**不務正業**，整天東遊西蕩，這樣下去是不行的。

2. 家裏出了個**不務正業**的人，他的親人怎麼會不擔心呢？

務：從事(某項工作)。

不寒而慄 (不寒而栗)

普： bù　　　　hán　　　　ér　　　　lì

粵： bɐt⁷〔筆〕　hɔn⁴〔韓〕　ji⁴〔兒〕　lœt⁹〔律〕

【解釋】

雖然天氣不冷，身上卻直發抖。形容非常恐懼。

【例句】

1. 如果海灘受到污染，河中堆滿垃圾，工廠的廢氣又造成酸雨，這將是多麼可怕的景象，想起來真令人**不寒而慄**。

2. 我們路經此地，了無一人，卻冷風陣陣，不禁**不寒而慄**起來。

①慄：發抖。②不要把「慄」寫成「票」或「粟」。

不慌不忙

普：	bù	huāng	bù	máng
粵：	bɐt⁷〔筆〕	fɔŋ¹〔方〕	bɐt⁷〔筆〕	mɔŋ⁴〔亡〕

【解釋】

不慌張不忙亂。形容從容鎮定。

【例句】

1. 由於準備充分，國華上臺講故事**不慌不忙**，講得生動流暢，獲得大家讚賞。

2. 小珊在語文考試中**不慌不忙**地回答每一道試題，做完後又認真檢查一遍，這才交卷。

不翼而飛 (不翼而飞)

普： bù　　　　yì　　　　ér　　　　fēi

粵： bɐt⁷〔筆〕　jik⁹〔亦〕　ji⁴〔兒〕　fei¹〔非〕

【解釋】

沒長翅膀卻飛了。比喻東西突然不見了。也比喻言論
或消息迅速流傳開來。

【例句】

1. 力明的文具盒**不翼而飛**，急得他哭了起來。

2. 偉健要轉學的消息**不翼而飛**地在班裏傳開了，大
   家對他都依依不捨。

翼：翅膀。「比翼齊飛」、「如虎添翼」中的「翼」也是這個
意思。

日新月異

普：	rì	xīn	yuè	yì
粵：	jet⁹〔逸〕	sɐn¹〔申〕	jyt⁹〔越〕	ji⁶〔二〕

【解釋】

每天每月都有新的變化。形容進步、發展很快，不斷出現新氣象、新事物。

【例句】

1. 深圳的面貌正發生**日新月異**的變化，這一事實是大家有目共睹的。

2. 科學的發展**日新月異**，新的研究成果層出不窮。

異：不同，此指新的變化。

日積月累 （日积月累）

普： rì　　　　jī　　　　　yuè　　　　lěi

粵： jɐt⁹〔逸〕　　dzik⁷〔即〕　　jyt⁹〔越〕　　lœy⁵〔呂〕

【解釋】

一天天、一月月地不斷積累。

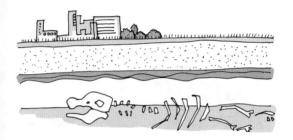

【例句】

1. 就像一口吃不成胖子一樣，豐富的知識也是靠**日積月累**取得的。

2. 弟弟把每天節省下來的零用錢放進不倒翁撲滿裏，**日積月累**，現在已經有滿滿的一罐了。

---

①累：積累。②不要把這裏的「累」讀成「勞累」的「累」或「累贅」的「累」。

手不釋卷 （手不释卷）

普： shǒu　　　bù　　　shì　　　juàn

粵： seu²〔首〕　bet⁷〔筆〕　sik⁷〔色〕　gyn²〔捲〕

【解釋】

手不離書本。形容勤奮讀書或看書入迷。

【例句】

1. 經過幾年**手不釋卷**地苦讀，大哥在學業上打下了堅實的基礎。

2. 偉忠在暑假裏**手不釋卷**，連續讀了三部優秀的童話集。

①釋：放下。「如釋重負」、「愛不釋手」中的「釋」也是這個意思。卷：書本。②不要把「卷」寫成或讀成「券」。

手忙腳亂 （手忙脚乱）

普： shǒu　　máng　　jiǎo　　　　luàn

粵： sɐu²〔首〕 mɔŋ⁴〔亡〕 gœk⁸〔哥約切中入〕 lyn⁶〔聯陽去〕

【解釋】

形容做事慌張忙亂，毫無條理。

【例句】

1. 曉明臨到出門時才**手忙腳亂**地收拾書包，結果把數學練習本忘帶了。

2. 他是位有經驗的售貨員，顧客再多，他也不會**手忙腳亂**。

毛遂自薦 (毛遂自荐)

普： máo　　　suì　　　zì　　　jiàn

粵： mou⁴〔無〕　sœy⁶〔睡〕　dzi⁶〔字〕　dzin³〔箭〕

【解釋】

比喻主動自我推薦，要求承擔某事。

【例句】

1. 國棟**毛遂自薦**，主動要求擔任班級合唱隊的領唱。

2. 公司招聘電腦工程師，**毛遂自薦**的人不少，其中不乏有真才實學的專家。

①毛遂：戰國時代趙國平原君趙勝的門客(因有一技之長而在貴族家裏幫忙的人)。薦：介紹，推舉。自薦：自己推薦自己。②不要把「遂」寫成或讀成「逐」。③這條成語源於《史記·平原君列傳》中的一則記載。戰國時，秦兵圍攻趙都邯鄲，趙國派平原君趙勝到楚國求救。平原君在選擇隨行人員時原本沒有選中毛遂，毛遂就自我推薦，終於隨平原君到了楚國，結果在促使楚國援趙的談判中毛遂發揮了十分重要的作用。

斤斤計較 (斤斤计较)

普： jīn   jīn   jì   jiào

粵： gen¹〔巾〕   gen¹〔巾〕   gei³〔繼〕   gau³〔教〕

【解釋】

在瑣細或無關緊要的事上過分計較。

【例句】

1. 嘉華豁達大度，不是那種**斤斤計較**的人。

2. 他還是個孩子，說話不懂分寸，你何必**斤斤計較**呢？

> 斤斤：看得很清楚的樣子。引申指過分在意。計較：計算比較。

反復無常 (反复无常)

普：	fǎn	fù	wú	cháng
粵：	fan²〔返〕	fuk⁷〔福〕	mou⁴〔毛〕	sœŋ⁴〔嘗〕

【解釋】

一會兒這樣，一會兒那樣，變來變去，沒有定準。

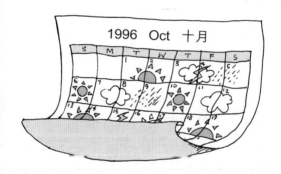

【例句】

1. <u>陸峰</u>本已答應了和我們一起到<u>廣州</u>旅行，不料臨
   行時又變卦了，**反復無常**，真讓人掃興。

2. 他這種**反復無常**的性格失去了別人的信任。

①也作「翻覆無常」。②反復：顛過來倒過去。這裏指一
會兒這樣，一會兒那樣。無常：時常變化，沒有定準。

分門別類 （分门别类）

普：	fēn	mén	bié	lèi

粵：	fɐn¹〔昏〕	mun⁴〔們〕	bit⁹〔必陽入〕	lœy⁶〔淚〕

【解釋】

根據事物的特點、性質分成各種門類。

【例句】

1. 姐姐把書架上的課外讀物**分門別類**地整理好，使用時十分方便。

2. 倉庫裏的貨物，**分門別類**，堆放得很整齊。

門：一般事物的分類。「五花八門」中的「門」也是這個意思。

火樹銀花 (火树银花)

普： huǒ　　　shù　　　yín　　　huā

粵： fɔ²〔夥〕　sy⁶〔豎〕　ŋɐn⁴〔垠〕　fa¹〔化陰平〕

【解釋】

形容燈火或煙火燦爛奪目。多用於節日夜景。

【例句】

1. 春節的夜晚，街上張燈結綵，一片**火樹銀花**。

2. 國慶之夜，廣場上升起了五彩繽紛的煙火，**火樹
   銀花**綴滿夜空。

火樹：掛滿彩燈的樹。銀花：射出銀白色光亮的花形燈
盞。

心甘情願 (心甘情愿)

普：	xīn	gān	qíng	yuàn
粵：	sem¹〔深〕	gem¹〔金〕	tsiŋ⁴〔晴〕	jyn⁶〔縣〕

【解釋】

從心裏願意(這樣做)。

【例句】

1. 玉玲放棄了從事科學研究的機會，**心甘情願**地到中學當一名物理教師，因為她覺得這才是一項值得奉獻畢生精力的工作。

2. 姐姐為了募捐而賣旗，在街上東奔西跑，臉上汗水直流，但她**心甘情願**，毫不覺苦。

①也作「甘心情願」。②甘：自願，樂意。「甘拜下風」、「不甘示弱」中的「甘」也是這個意思。

心安理得

普：	xīn	ān	lǐ	dé
粵：	sɐm¹〔深〕	ɔn¹〔鞍〕	lei⁵〔里〕	dɐk⁷〔德〕

【解釋】

自己認為所做的事合乎情理，心裏很安寧。

【例句】

1. 他賺的是合法利潤，**心安理得**，根本不在乎別人在背後說些甚麼。

2. <u>永傑</u>竟設想種種借口為自己開脫，對這件錯事不負上任何責任，還**心安理得**地入睡，實在太過分了！

心滿意足 (心满意足)

普：	xīn	mǎn	yì	zú
粵：	sem¹〔深〕	mun⁵〔門陽上〕	ji³〔衣陰去〕	dzuk⁷〔竹〕

【解釋】

心裏非常滿足。

【例句】

1. 曉波在集郵店裏購得漢城奧運紀念首日封，**心滿意足**地笑了。

2. 爸爸有了一間屬於自己的書房後，**心滿意足**，常在那裏看書寫作到深夜。

心曠神怡 (心旷神怡)

普： xīn　　　　kuàng　　　　shén　　　　yí

粵： sɐm¹〔深〕　kwɔŋ³〔礦〕　sɐn⁴〔晨〕　ji⁴〔而〕

【解釋】

心境開闊，精神愉快。

【例句】

1. 重陽節登高遠眺，令人**心曠神怡**。

2. 在喧囂的城市裏住久了，來到洞庭湖畔度假，只見碧波萬頃，沙鷗翔集，頓時有**心曠神怡**之感。

曠：(心境)開闊。怡：快樂，愉快。

心驚膽顫 (心惊胆颤)

普：	xīn	jīng	dǎn	zhàn
粵：	sɐm¹〔深〕	giŋ¹〔京〕	dam²〔擔陰上〕	dzin³〔戰〕

【解釋】

形容非常驚慌害怕。

【例句】

1. 籠子裏的老虎一聲大吼，把圍觀的人嚇得**心驚膽顫**。

2. 走在懸空搖晃的鐵索橋上，望着橋下湍急的江水，不由我不**心驚膽顫**。

---

① 也作「膽顫心驚」、「心驚膽戰」。② 顫：發抖。
③ 不要把「驚」寫成「瞥」。

引人入勝 (引人入胜)

普: yǐn   rén   rù   shèng

粵: jɐn⁵〔癮〕   jɐn⁴〔仁〕   jɐp⁹〔泣陽入〕   siŋ³〔性〕

【解釋】

引人進入美好的境界。大多指被優美的風景或好的文章、文藝作品所吸引。

【例句】

1. 廣州從化溫泉區風景秀麗,引人入勝。

2. 這部武俠小說寫得十分引人入勝,一讀起來就捨不得放下。

> 勝:勝境,美好的境界。

少見多怪 (少见多怪)

普：	shǎo	jiàn	duō	guài
粵：	siu²〔小〕	gin³〔建〕	dɔ¹〔躲陰平〕	gwai³〔拐陰去〕

【解釋】

由於見識少，遇到本來平常的事物也覺得奇怪。

【例句】

1. 弟弟是初次到博物館參觀，未免**少見多怪**，指着各種展品問個不停。

2. 這些外國旅遊者也可算**少見多怪**，連包餃子都能引起他們的興趣，還把整個過程都拍攝下來。

水洩不通

普： shuǐ   xiè   bù   tōng

粵： sœy²〔雖陰上〕   sit⁸〔舌〕   bet⁷〔筆〕   tuŋ¹〔同陰平〕

【解釋】

形容人十分擁擠或包圍得非常嚴密，好像連水都流不出去。

【例句】

1. 春節期間鐵路上旅客劇增，車廂裏擠得**水洩不通**，連通道上都站滿了人。

2. 警察把匪徒藏身的舊倉庫團團圍住，**水洩不通**，匪徒插翅難逃。

LION ROCK

洩：液體或氣體排出。

巧奪天工 (巧夺天工)

普： qiǎo   duó   tiān   gōng

粵： hau²〔考〕 dyt⁹〔杜月切〕 tin¹〔田陰平〕 guŋ¹〔弓〕

【解釋】

人工的精巧勝過天然。形容技藝十分精巧高超。

【例句】

1. 這座玉雕**巧奪天工**，是工藝美術的珍品。

2. 公園裏陳列着許多**巧奪天工**的盆景，吸引了不少遊人觀賞。

> 奪：超過。天工：指天然造成的。天然造成的事物有的非常精妙，往往是人工所難以企及的，所以這裏用「奪天工」來形容人技藝的高超。

功虧一簣 (功亏一簣)

普： gōng　　　kuī　　　yī　　　kuì

粵： guŋ¹〔工〕　kwɐi¹〔規〕　jɐt⁷〔壹〕　gwɐi⁶〔跪〕

【解釋】

比喻一件事情由於差了最後一點力量而沒能圓滿完成。含有惋惜的意思。

【例句】

1. 比賽規定跳繩要跳滿一百下，小芳跳到九十二下就累得堅持不下去了，結果**功虧一簣**。

2. 你這幅畫的構圖很好，只是用色馬虎了一點，致使**功虧一簣**，實在可惜。

①功：功效。虧：短缺，缺少。簣：盛土的筐子。②不要把「簣」寫成或讀成「貴」。③這條成語出自《尚書·旅獒(音熬)》：「為山九仞，功虧一簣。」意思是堆築一座九仞(古時一仞合七尺或八尺)高的土山，由於只差最後一筐土而沒能完成。現在一般用它的比喻義。

古色古香

普：　gǔ　　　　　sè　　　　　gǔ　　　　　xiāng

粵：　gu²〔鼓〕　sik⁷〔式〕　gu²〔鼓〕　hœŋ¹〔鄉〕

【解釋】

形容具有古樸雅致的色彩或情調。

【例句】

1. 沙田中央公園有一座**古色古香**的大門，在周圍高樓大廈的映襯下，別具風致。

2. 這隻瓷瓶**古色古香**，是祖父當年從江西帶來的。

也作「古香古色」。

本來面目 (本来面目)

普： běn　　　lái　　　miàn　　　mù

粵： bun²〔般_{陰上}〕 lɔi⁴〔萊〕 min⁶〔麵〕 muk⁹〔木〕

【解釋】

指人或事物本來的樣子。

【例句】

1. 山羊沒有認清狼的**本來面目**，把牠從陷阱裏救出來，結果自己差點兒喪了性命。

2. 有些民歌被人隨意改編，已經失去了它的**本來面目**。

「本來面目」原是佛家用語，指人本有的心性。

打抱不平

普：	dǎ	bào	bù	píng
粵：	da²〔多啞切〕	pou⁵〔普陽上〕	bɐt⁷〔筆〕	pin⁴〔評〕

【解釋】

看見別人受到不公平待遇或受到欺壓，心中產生強烈的憤慨，主動站出來為他們說話或出力。

【例句】

1. 克求里斯見安泰俄斯肆意欺侮、殘害旅客，就挺身上前**打抱不平**，最終制服了這個兇殘的人。

2. 全忠大伯是個愛**打抱不平**的人，受過他幫助的人很多。

以貌取人

普： yǐ　　　　mào　　　　qǔ　　　　rén

粵： ji⁵〔耳〕　mau⁶〔矛陽去〕　tsœy²〔娶〕　jɐn⁴〔仁〕

【解釋】

只根據外貌來判斷人的品質、才能或決定對待的態度。

【例句】

1. 在錄用公務員時要重真才實學，不可採用**以貌取人**的做法。

2. 李先生外表雖然帶有幾分土氣，但卻是一位深受學術界尊重的著名學者，你可不要**以貌取人**，怠慢了這位先生。

以：依照，按照。

目不暇給 (目不暇给)

普： mù   bù   xiá   jǐ

粵： muk⁹〔木〕   bɐt⁷〔筆〕   ha⁶〔夏〕   kɐp⁷〔吸〕

【解釋】

形容要看的東西很多，眼睛看不過來。

【例句】

1. 博覽會上的展品豐富多彩，令人**目不暇給**。

2. 去年我乘船遊覽威尼斯，面對兩岸充滿異國情調
   的城市風光，**目不暇給**，簡直不知道該仔細看哪
   裏才好。

①也作「目不暇接」。接：接受。②暇：空間。「應接不
暇」、「無暇顧及」中的「暇」也是這個意思。給：供應。這
裏指應接。③不要把「暇」寫成「瑕」。

目不轉睛 （目不转睛）

普：	mù	bù	zhuǎn	jīng
粵：	muk⁹〔木〕	bɐt⁷〔筆〕	dzyn²〔專陰上〕	dziŋ¹〔晶〕

【解釋】

連眼珠都不轉動地盯着看。形容注意力集中。

【例句】

1. 志華在科學館裏**目不轉睛**地觀看能量穿梭機的表演，心裏充滿了好奇。

2. 小林盯着對面座位上的那位乘客，**目不轉睛**，心想他好面熟，很像是當年的鄰居。

不要把「睛」寫成「晴」。

目瞪口呆

普： mù　　　dèng　　　kǒu　　　dāi

粵： muk⁹〔木〕　deŋ⁶〔鄧〕　hɐu²〔厚陰上〕　ŋɔi⁴〔外陽平〕

【解釋】

瞪着眼睛、說不出話。形容因受驚或害怕而發楞的樣子。

【例句】

1. 當被圍困在舊倉庫裏的走私分子發現自己的一名同伙竟是臥底警探時，一個個嚇得**目瞪口呆**。

2. 櫻木這位籃球員的出色表現使全場**目瞪口呆**，大家都不明白為甚麼他轉眼間竟能取得如此巨大的進步。

---

①目瞪：睜大眼睛，盯着不動。口呆：説不出話。
②不要把「瞪」寫成或讀成「登」。

四分五裂

普： sì   fēn   wǔ   liè

粵： sei³〔死_{陰去}〕   fɐn¹〔昏〕   ŋ⁵〔午〕   lit⁹〔列〕

【解釋】

分裂成許多塊。形容不完整，不統一或不團結。

戰國七雄

燕
趙
魏
韓
楚
秦
齊

【例句】

1. 當年軍閥割據，把國家搞得**四分五裂**。

2. 原來好好的一家公司，現在**四分五裂**，人心渙散，經營狀況一落千丈。

四面八方

普： sì　　　　miàn　　　bā　　　　fāng

粵： sei³〔死陰去〕　min⁶〔麵〕　bat⁸〔波壓切〕　fɔŋ¹〔芳〕

【解釋】

各個方面或各個地方。

【例句】

1. 人們從**四面八方**奔向廣場，參加國慶聯歡活動。

2. 華東水災的消息傳出後，**四面八方**的捐款不斷湧至。

四海為家 (四海为家)

普：	sì	hǎi	wéi	jiā
粵：	sei³〔死陰去〕	hɔi²〔凱〕	wɐi⁴〔維〕	ga¹〔加〕

【解釋】

原指帝王佔有四海之內，統治全國。現在一般用來指到處都可以當作自己的家。

【例句】

1. 古人志向高遠，常常周遊列國，**四海為家**。

2. 在街頭賣藝的大多是些**四海為家**的人，並沒有固定的住所。

①四海：古人以為中國四面都有海環繞，所以用「四海」指全國各地，現在也泛指世界各地。為：充當，作為。②這條成語既可以用於形容人志在四方，不留戀故土，也可以用於形容人生活飄泊不定。③不要把這裏的「為」讀成「為甚麼」的「為」。

四通八達 (四通八达)

普： sì　　　　tōng　　　　bā　　　　dá

粵： sei³〔死陰去〕 tuŋ¹〔同陰平〕 bat⁸〔波壓切〕 dat⁹〔第辣切〕

【解釋】

四面八方都有路可通，形容交通非常便利。也可以形容管道或信息聯繫等通向四面八方。

【例句】

1. 這裏的公路**四通八達**，路上的車輛絡繹不絕。

2. 自從電腦聯網後，**四通八達**的信息渠道為公司的經營提供了很大方便。

生氣勃勃 （生气勃勃）

普：	shēng	qì	bó	bó
粵：	seŋ¹〔甥〕	hei³〔器〕	but⁹〔撥〕	but⁹〔撥〕

【解釋】

形容富有朝氣，充滿活力。

【例句】

1. 從這些**生氣勃勃**的青年人身上，馮教授看到了社會未來的希望。

2. 清晨，帶着露水的鮮花沐浴在陽光下，越發顯得**生氣勃勃**。

---

①生氣：生命的活力，朝氣。勃勃：旺盛的樣子。
②這裏的「生氣」不能理解為發怒的意思。

失敗乃成功之母

（失敗乃成功之母）

普：	shī	bài	nǎi	chéng
	gōng	zhī	mǔ	

粵：	sɐt⁷〔室〕	bai⁶〔拜陽去〕	nai⁵〔奶〕	siŋ⁴〔乘〕
	guŋ¹〔工〕	dzi¹〔支〕	mou⁵〔武〕	

【解釋】

失敗是成功的基礎。指從失敗中吸取教訓，就可以走
向成功。

【例句】

1. 那些在科學研究中有卓越成就的人往往經歷的失敗比成功要多，所以他們對「**失敗乃成功之母**」的體會比一般人更深。

2. 教練用**失敗乃成功之母**來鼓勵隊員，希望他們輸球不要輸志氣，振作精神，刻苦訓練，下次打個翻身仗。

①也作「失敗是成功之母」、「失敗為成功之母」、「失敗者成功之母」。②母：比喻有產生其他事物的能力或作用的事物。

用武之地

普： yòng　　　wǔ　　　zhī　　　dì

粵： juŋ⁶〔容陽去〕　mou⁵〔母〕　dzi¹〔支〕　dei⁶〔杜利切〕

【解釋】

比喻施展才能的地方或機會。

【例句】

1. 這個研究項目為梅小影發揮專業特長提供了**用武之地**，所以她工作得很起勁。

2. 這家公司的制度繁複，限制又多，使人覺得英雄無**用武之地**。

包羅萬象 (包罗万象)

普：	bāo	luó	wàn	xiàng
粵：	bau¹〔胞〕	lɔ⁴〔蘿〕	man⁶〔慢〕	dzœŋ⁶〔丈〕

【解釋】

形容內容極其豐富，無所不有。

【例句】

1. 《辭海》的內容**包羅萬象**，它已成為很多人案頭常備的工具書。

2. 廣州出口商品交易會上的商品**包羅萬象**，每年都吸引了無數的客商前來洽談貿易。

> ①包羅：包容，包括 (指大範圍)。萬象：各種景象，形形色色的事物。②不要把「象」寫成「像」。

半死不活

普: bàn　　　　sǐ　　　　bù　　　　huó

粵: bun³〔本陰去〕　sei²〔四陰上〕　bɐt⁷〔筆〕　wut⁹〔胡沒切〕

【解釋】

形容人或事物沒有一點生氣、活力。

【例句】

1. 看他這副**半死不活**的樣子，真像大病了一場似的。

2. 這些花久沒澆水，葉子枯黃，**半死不活**。

半信半疑

普： bàn　　　　xìn　　　　bàn　　　　yí

粵： bun³〔本陰去〕　sœn³〔訊〕　bun³〔本陰去〕　ji⁴〔而〕

【解釋】

有些相信，又有些懷疑。

【例句】

1. 志強告訴利民，有一種仙人掌可以長到五、六層樓那麼高，利民**半信半疑**，直到看了照片，才完全相信。

2. 家傑對威尼斯水怪這個傳說持**半信半疑**的態度。

它與「將信將疑」含義相同，只是它更通俗些，多用於口頭語。

半途而廢 （半途而廢）

普： bàn   tú   ér   fèi

粵： bun³〔本陰去〕   tou⁴〔逃〕   ji⁴〔兒〕   fɐi³〔肺〕

【解釋】

走到半路就停下來了。比喻事情還沒有做完就終止不做了。

【例句】

1. 莉莉跳繩跳得滿頭是汗，大口大口喘着氣，但她不願**半途而廢**，終於堅持跳完一百下。

2. 新明做事缺乏恆心，常常**半途而廢**，這種毛病真應該盡快改掉。

> 半途：半路，這裏指走到半路。廢：指不再繼續，停止。

民脂民膏

普： mín　　　zhī　　　mín　　　gāo

粵： men⁴〔文〕　dzi¹〔支〕　men⁴〔文〕　gou¹〔高〕

【解釋】

比喻人民流血流汗創造的財富。

【例句】

1. 隋煬帝用他榨取得來的**民脂民膏**建造豪華的宮殿。

2. 貪官污吏搜括**民脂民膏**供他們揮霍享用，百姓怨聲載道。

「脂」、「膏」指脂肪，這裏比喻人民用血汗創造而來的財富。

出人頭地 （出人头地）

普：	chū	rén	tóu	dì
粵：	tsœt⁷〔齣〕	jɐn⁴〔仁〕	tɐu⁴〔投〕	dei⁶〔杜利切〕

【解釋】

超出別人一等。

【例句】

1. 景新總希望能**出人頭地**，幹一番大事業，讓別人不敢再小看他。

2. 他的兒子**出人頭地**，成了一位頗有成就的企業家，他怎麼能不高興呢？

> 這條成語源於宋代歐陽修給梅聖俞的一封信，信中說他非常欣賞蘇軾（東坡）的文章，並表示：「老夫當避路，放他出一頭地也。」意思是自己要讓路，使蘇軾高出一頭。

出乎意料

普： chū　　　 hū　　　 yì　　　 liào

粵： tsœt⁷〔齣〕　 fu⁴〔扶〕　 ji³〔衣陰去〕　 liu⁶〔廖〕

【解釋】

在人的意料之外。

【例句】

1. 在這場足球賽中，對手的攻勢這樣猛，實在**出乎意料**。

2. 這張照片拍得**出乎意料**的精彩，我一定要好好保存下來。

出類拔萃 (出类拔萃)

普： chū　　　　lèi　　　　bá　　　　cuì

粵： tsœt⁷〔齣〕　lœy⁶〔淚〕　bɐt⁹〔跋〕　sœy⁶〔睡〕

【解釋】

超出同類之上。大多用來形容人的品德或才能出眾。

【例句】

1. 學勤是學校裏**出類拔萃**的優秀學生，得到過多次
   嘉獎。

2. 楊欣年紀雖輕，棋藝卻**出類拔萃**，勝過了不少老
   練的對手。

①出：超出。類：同類。拔：高出。萃：指聚在一起的
人或事物。②不要把「萃」寫成或讀成「卒」。

老成持重

普： lǎo　　　chéng　　　chí　　　zhòng

粵： lou⁵〔魯〕　　siŋ⁴〔乘〕　　tsi⁴〔池〕　　dzuŋ⁶〔仲〕

【解釋】

形容人閱歷多，有經驗，辦事老練穩重。

【例句】

1. 蘇先生**老成持重**，是處理這類棘手問題的合適人選。

2. 董事會選擇了一位**老成持重**的人擔任副總經理，協助年輕的總經理開展工作。

①老成：原指人年老而有德，現代漢語中一般指人經歷多，老練。持重：謹慎，穩重，不浮躁。②不要把「持」寫成「特」。

老馬識途 (老马识途)

普： lǎo   mǎ   shí   tú

粵： lou⁵〔魯〕   ma⁵〔碼〕   sik⁷〔色〕   tou⁴〔逃〕

【解釋】

老馬認識走過的路。比喻閱歷多的人熟悉情況，經驗豐富。

【例句】

1. 陸老伯在銀行界服務了幾十年，**老馬識途**，你能跟他學，那太好了。

2. 如果不是李先生**老馬識途**，及時指點，這件事差一點辦糟了。

①與它相聯繫的另一條成語是「識途老馬」，比喻熟悉情況、經驗豐富的人，而「老馬識途」是指一種現象，我們要注意二者的區別。②這條成語源於《韓非子‧說林上》的一則記載。據說齊桓公率軍攻打孤竹國，春天進兵，直到冬天才撤回來，走着走着迷了路。大臣管仲建議讓老馬引路，結果找到了春天時來的那條路。成語即由此而來。

老羞成怒

普： lǎo   xiū   chéng   nù

粵： lou⁵〔魯〕   sɐu¹〔收〕   sin⁴〔乘〕   nou⁶〔奴陽去〕

【解釋】

羞愧到了極點，為擺脫窘境，便轉而發怒。

【例句】

1. 他見自己的觀點已被對方駁得體無完膚，便**老羞成怒**地張口大罵了。

2. 永熹當眾揭穿了李四的騙局，李四**老羞成怒**，竟耍起無賴來。

老：很、極。

耳聞目睹 （耳闻目睹）

普： ěr   wén   mù   dǔ

粵： ji⁵〔以〕   mɛn⁴〔文〕   muk⁹〔木〕   dou²〔島〕

【解釋】

親耳聽到，親眼看到。

【例句】

1. 黃老師對待學生如同親生子女，呵護備至，這是大家**耳聞目睹**的事實。

2. 她在醫院工作，曾**耳聞目睹**過不少醫學上的奇蹟，愈發增強了她對探索人體奧秘的興趣。

---

①也作「耳聞目見」、「耳聞目擊」。②睹：看見。「有目共睹」、「先睹為快」、「熟視無睹」中的「睹」也是這個意思。

耳濡目染

普： ěr　　　　rú　　　　mù　　　　rǎn

粵： ji⁵〔以〕　　jy⁴〔如〕　　muk⁹〔木〕　　jim⁵〔冉〕

【解釋】

因為經常聽到和看到，在無形中受到影響。

【例句】

1. 志堅的爸爸是樂團指揮，志堅從小**耳濡目染**，對音樂懂得的比我們多。

2. 學生每天看電視，會在**耳濡目染**中受它的影響，所以家長對電視節目內容的選擇一定要慎重。

①濡：沾濕。染：感染。在這裏都表示通過接觸受到影響。②不要把「濡」寫成「儒」，也不要讀成「需」。

再接再厲 (再接再厉)

普：	zài	jiē	zài	lì
粵：	dzɔi³〔載〕	dzip⁸〔摺〕	dzɔi³〔載〕	lɐi⁶〔麗〕

【解釋】

繼續努力，毫不鬆懈。

【例句】

1. 小勇在游泳上進步很快，但他毫不自滿，決心**再接再厲**，爭取更好的成績。

2. 我們要**再接再厲**地奮鬥下去，把國家建設得更加繁榮富強。

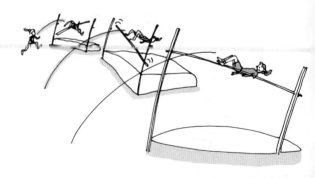

①厲：通「礪」，磨。②不要把「厲」寫成「勵」或「歷」。③
這條成語出自唐代韓愈、孟郊的《鬥雞聯句》：「一噴一醒
然，再接再礪乃。」原指公雞相鬥，每次交鋒（「接」），都
要磨一磨（「礪」）牠的嘴。但在現代漢語裏已經不再使用
這一原意了。

百折不撓 (百折不挠)

普： bǎi　　　　zhé　　　　bù　　　　náo

粵： bak⁸〔伯〕　dzit⁸〔節〕　bɐt⁷〔筆〕　nau⁴〔錨〕

【解釋】

一次又一次地想要弄彎它，但它始終不彎曲。比喻不管受到多少挫折，都不退縮或屈服。

【例句】

1. 鄭豐喜百折不撓，戰勝殘疾，這種精神實在令人欽佩。

2. 歐立希和他的助手具有百折不撓的毅力，經過六百多次試驗，終於把新藥研製成功了。

①也作「百折不回」。②折：彎，使它彎曲。撓：彎曲。
③不要把「折」寫成「拆」或「析」。

百讀不厭 (百读不厌)

普：	bǎi	dú	bù	yàn
粵：	bak⁸〔伯〕	duk⁹〔獨〕	bɐt⁷〔筆〕	jim³〔掩陰去〕

【解釋】

反復閱讀也不厭倦。形容詩文寫得非常精彩。

【例句】

1. 杜甫的詩我**百讀不厭**，其中許多名篇我都能背誦
   出來。

2. 這是一本**百讀不厭**的散文集，不但文筆優美，內
   容也十分耐人尋味。

> 厭：厭倦，指對某種活動失去興趣而不願繼續。

有始有終 (有始有终)

普： yǒu　　shǐ　　yǒu　　zhōng

粵： jɐu⁵〔友〕　tsi²〔齒〕　jɐu⁵〔友〕　dzuŋ¹〔忠〕

【解釋】

有開頭有結尾。指人做事能從頭至尾堅持到底。

第一回　第二回　第三回　大結局

【例句】

1. 陳老師希望小芳能**有始有終**地看畢整套《三國演義》。

2. 爸爸要求我們做事**有始有終**，不要半途而廢，也不要虎頭蛇尾。

有恃無恐 （有恃无恐）

普： yǒu　　　shì　　　wú　　　kǒng

粵： jeu⁵〔友〕　tsi⁵〔似〕　mou⁴〔毛〕　huŋ²〔孔〕

【解釋】

因為有所倚仗而不害怕或無所顧忌。

【例句】

1. 王民生認為自己的研究結論不但在理論上是站得住腳的，而且經過多次實驗證明是正確的，因而**有恃無恐**地來到答辯會上進行論文答辯。

2. 這些官府的衙役**有恃無恐**，隨意欺壓善良的百姓。

①恃：依靠，倚仗。②不要把「恃」寫成或讀成「持」。

有條不紊 (有条不紊)

普：	yǒu	tiáo	bù	wěn
粵：	jɐu⁵〔友〕	tiu⁴〔迢〕	bɐt⁷〔筆〕	mɐn⁶〔問〕

【解釋】

有條理，有次序，一點不亂。

【例句】

1. 媽媽是家裏最忙的人，但儘管事情多，她做起來卻**有條不紊**，從來沒有躭誤過甚麼。

2. 景清**有條不紊**地把事情的來龍去脈向大家作了介紹。

① 條：條理，次序。紊：亂。② 它與「井井有條」含義相同，只是它不如「井井有條」通俗，所以大多用於書面語。

有備無患 (有备无患)

普： yǒu　　　bèi　　　wú　　　huàn

粵： jɐu⁵〔友〕　bei⁶〔避〕　mou⁴〔毛〕　wan⁶〔幻〕

【解釋】

事先有了充分準備，就可以避免禍患。

【例句】

1. 滅火器材要經常檢查，保持完好，做到**有備無患**。

2. 王太太出門時見天色陰沉，為了**有備無患**，仍把傘子帶在身邊。

有福同享，有難同當

（有福同享，有难同当）

| 普： | yǒu | fú | tóng | xiǎng, |
| | yǒu | nàn | tóng | dāng |

| 粵： | jɐu⁵〔友〕 | fuk⁷〔幅〕 | tuŋ⁴〔銅〕 | hœŋ²〔響〕, |
| | jɐu⁵〔友〕 | nan⁶〔尼雁切〕 | tuŋ⁴〔銅〕 | dɔŋ¹〔噹〕 |

【解釋】

有幸福共同享受，有災難共同擔當。

【例句】

1. <u>忠民</u>和<u>宏祥</u>是**有福同享、有難同當**的好朋友，他們的交情非常深厚。

2. 人與人之間**有福同享**容易，但**有難同當**並不是誰都能做得到的。

---

①難：災難，不幸的事。當：承當，擔當。②不要把這裏的「難」讀成「難關」、「為難」的「難」。③這條成語中的兩句話有時也可以分開單獨使用。

灰心喪氣 （灰心丧气）

普： huī　　　xīn　　　sàng　　　qì

粵： fui¹〔恢〕　sɐm¹〔深〕　sɔŋ³〔爽 陰去〕　hei³〔器〕

【解釋】

因失敗或不順利而失去信心，情緒低落。

【例句】

1. 生活中不可能沒有挫折，一遇挫折就**灰心喪氣**，怎麼能成事？

2. 「天下無難事，只怕有心人。」這句話告訴我們，即使做事失敗了，也不要**灰心喪氣**，只要做個有心人，鍥而不捨地努力，總有成功的一天。

①灰心：心冷得像死灰。形容失去信心，意志消沉。「心灰意冷」中的「心灰」也是這個意思。喪氣：情緒低落，精神不振。②不要把「喪」寫成「傷」。

成敗得失 (成敗得失)

普: chéng bài dé shī

粵: siŋ⁴〔乘〕 bai⁶〔拜陽去〕 dɐk⁷〔德〕 sɐt⁷〔室〕

【解釋】

成功或失敗，得到甚麼或失去甚麼。

【例句】

1. 事業的**成敗得失**並不總是可以預料到的，重要的
   是我們不論遇到甚麼困難或挫折，都不要灰心。

2. 他們分析了此舉**成敗得失**的種種可能，認為還是
   值得一試的，於是便分頭行動起來。

扣人心弦

普： kòu　　　rén　　　xīn　　　xián

粵： kɐu³〔叩〕　jɐn⁴〔仁〕　sɐm¹〔深〕　jin⁴〔言〕

【解釋】

形容詩文、表演等很有感染力，使人心情激動。

【例句】

1. 小說把諸葛亮舌戰羣儒寫得**扣人心弦**，讓人非一口氣讀完不可。

2. 這是一場**扣人心弦**的籃球賽，雙方球隊都發揮出高超的球藝，爭持激烈。

扣：敲擊。心弦：把心比作琴，扣動心弦比喻心中受感動而引起共鳴。

因循守舊 （因循守旧）

普： yīn   xún   shǒu   jiù

粵： jɐn¹〔恩〕   tsœn⁴〔巡〕   sɐu²〔手〕   gɐu⁶〔夠 陽去〕

【解釋】

沿襲舊的一套，不求革新。

【例句】

1. 這家公司不能隨着市場的變化調整經營策略，一味**因循守舊**，所以業績不佳。

2. 萬校長不是個**因循守舊**的人，他把許多先進的教育方法引進學校，使學校越辦越好。

> 因循：沿襲，照老樣子不改。

因噎廢食 (因噎廢食)

普： yīn   yē   fèi   shí

粵： jɐn¹〔恩〕   jit⁸〔熱中入〕   fɐi³〔肺〕   sik⁹〔蝕〕

【解釋】

因為吃飯噎住了，索性連飯也不吃了。比喻因為受了點挫折或發生點差錯，索性連應該做的事也不做了。

【例句】

1. 小珍學騎單車的時候摔過幾跤，於是再也不敢學下去了，這實在是**因噎廢食**。

2. 廣東人剛開始說普通話時難免腔調不那麼順耳，這時如果採取**因噎廢食**的做法，那就永遠也學不好普通話了。

噎：食物塞住喉嚨。廢：停止。

先入為主 (先入为主)

普： xiān   rù   wéi   zhǔ

粵： sin¹〔仙〕   jɐp⁹〔泣陽入〕   wɐi⁴〔維〕   dzy²〔煮〕

【解釋】

先接受了一種思想或觀點，以為是正確的，使它在頭腦裏佔據了主導地位，就不容易再接受不同的思想或觀點了。

【例句】

1. 阿琪是搗蛋鬼的傳聞**先入為主**地佔據了茹英的腦袋，使她對阿琪一直印象不好。

2. 他從小看了許多有關三國的舊戲，**先入為主**，所以一提到三國時代的歷史人物，他想到的就是戲裏的那種模樣。

①為：成為，與「反客為主」、「化險為夷」中的「為」同義。②不要把這裏的「為」讀成「為甚麼」的「為」。

先睹為快 （先睹为快）

普：	xiān	dǔ	wéi	kuài
粵：	sin¹〔仙〕	dou²〔島〕	wɐi⁴〔維〕	fai³〔塊〕

【解釋】

以能盡先看到為愉快。形容急切盼望看到。大多用於看文藝作品或演出。

【例句】

1. 玉英聽說圖書館新到了一本偵探小說，立刻去借，想**先睹為快**。

2. 這部影片剛上映時觀看的人特別多，這大概是受**先睹為快**的心理所驅使吧？

睹：看見。為：當作，作為。快：愉快。

任人唯賢 （任人唯贤）

普： rèn　　　rén　　　wéi　　　xián

粵： jem⁶〔飪〕　jen⁴〔仁〕　wei⁴〔違〕　jin⁴〔言〕

【解釋】

任用人只求德才兼備，而不考慮他跟自己的關係是否密切。

【例句】

1. 任人唯賢是用人的正道，任人唯親，沒有不誤事的。

2. 董事長任人唯賢，注重實際表現，選拔了不少得力的年輕人擔任公司各級主管。

任：任用。唯：單單，只。賢：指有道德有才能的人。

自以為是 （自以为是）

普： zì　　　yǐ　　　wéi　　　shì

粵： dzi⁶〔字〕　ji⁵〔耳〕　wɐi⁴〔維〕　si⁶〔士〕

【解釋】

自認為自己的言行是正確的，不接受別人的勸告或意見。指人主觀，不虛心。

【例句】

1. 他**自以為是**地非要按自己的辦法去做不可，我們怎麼勸也沒用，那就只好讓事實來教訓他了。

2. 同學們都覺得小勇的回答是錯的，「花兒怒放」的「怒」不是發怒的意思，小勇卻**自以為是**，還在強辯。

> 以為：認為。是：正確。

自由自在

普：	zì	yóu	zì	zài
粵：	dzi⁶〔字〕	jɐu⁴〔油〕	dzi⁶〔字〕	dzoi⁶〔再陽去〕

【解釋】

形容沒有約束，行動自由。

【例句】

1. 鳥兒**自由自在**地在天空中飛翔。

2. 謝伯伯退休後過着**自由自在**的生活，還參加旅行團到處遊覽。

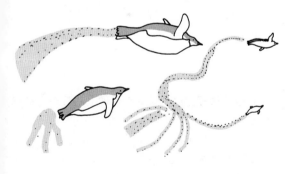

> 自在：不受約束。「逍遙自在」中的「自在」也是這個意思。

自投羅網 (自投罗网)

普： zì   tóu   luó   wǎng

粵： dzi⁶〔字〕   tɐu⁴〔頭〕   lɔ⁴〔蘿〕   mɔŋ⁵〔罔〕

【解釋】

比喻自己主動進入別人設下的埋伏或圈套。

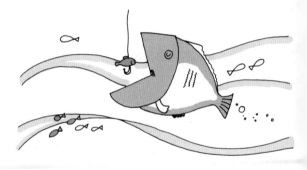

【例句】

1. 這隻**自投羅網**的鳥是因為貪吃地上的穀粒而被罩住的。

2. 來此地交貨的走私分子不知道警方已設下埋伏，結果**自投羅網**，全都束手被擒。

①投：進入。羅網：捕鳥的羅和捕魚的網。羅也是一種網。這裏用它的比喻義。②不要把「網」寫成「綱」。

自告奮勇 (自告奮勇)

普： zì　　　　gào　　　　fèn　　　　yǒng

粵： dzi⁶〔字〕　gou³〔高陰去〕　fɐn⁵〔憤〕　juŋ⁵〔容陽上〕

【解釋】

主動要求去做某事（一般指比較難做的事）。

【例句】

1. 志新**自告奮勇**要去協助慈善團體募捐，大家都很支持他。

2. 老師想找一位同學幫素敏學英語，小蘭**自告奮勇**，老師很高興。

告：表明。奮勇：鼓起勇氣。

自私自利

普： zì   sī   zì   lì

粵： dzi⁶〔字〕   si¹〔司〕   dzi⁶〔字〕   lei⁶〔莉〕

【解釋】

只想到自己，只為個人利益打算。

【例句】

1. 一個人如果**自私自利**，只顧自己，不顧別人，是結交不到真正的朋友的。

2. 急公好義是<u>中華民族</u>的傳統美德，**自私自利**的行為歷來是被人鄙棄的。

自言自語 (自言自语)

普： zì　　　yán　　　zì　　　yǔ

粵： dzi⁶〔字〕　jin⁴〔然〕　dzi⁶〔字〕　jy⁵〔雨〕

【解釋】

自己跟自己說話；獨自低聲嘀咕。

【例句】

1. 偉榮見到電視劇裏的情節和他所經歷的一模一樣，便**自言自語**地說：「真的這麼巧？簡直是一個樣！」

2. 那位老伯伯在街上一面走一面**自言自語**，不知在說些甚麼。

自食其果

普：	zì	shí	qí	guǒ
粵：	dzi⁶〔字〕	sik⁹〔蝕〕	kei⁴〔奇〕	gwɔ²〔裹〕

【解釋】

比喻做了壞事或不該做的事，結果害了自己。

【例句】

1. 發動侵略戰爭的人到頭來必會**自食其果**，他們是不會有好下場的。

2. 如果在發展生產時使環境遭到污染，使自然界的生態失去平衡，我們最終會**自食其果**，到那時後悔就晚了。

自強不息

普： zì　　　　qiáng　　　　bù　　　　xī

粵： dzi⁶〔字〕　kœŋ⁴〔其羊切〕　bɐt⁷〔筆〕　sik⁷〔色〕

【解釋】

依靠自己力量奮發圖強，永不停息。

【例句】

1. 中華民族幾千年來**自強不息**，在世界文明史上寫下了輝煌的篇章。

2. 杏林子劉俠**自強不息**的奮鬥精神，使許多傷殘人深受鼓舞。

自強：自己努力向上。息：停息。「川流不息」、「偃旗息鼓」中的「息」也是這個意思。

自欺欺人

普：	zì	qī	qī	rén
粵：	dzi⁶〔字〕	hei¹〔希〕	hei¹〔希〕	jɐn⁴〔仁〕

【解釋】

既欺騙自己，也欺騙別人。

【例句】

1. 錯了就是錯了，如果硬不承認錯誤，採取**自欺欺人**的做法，這是很愚蠢的。

2. 分明是自己懶散而使成績下降，卻責怪學習條件不好，這未免是**自欺欺人**了。

自暴自棄 (自暴自弃)

普：	zì	bào	zì	qì
粵：	dzi⁶〔字〕	bou⁶〔步〕	dzi⁶〔字〕	hei³〔戲〕

【解釋】

自己甘心落後，不求上進。

【例句】

1. 對於學業成績不好的學生要熱情幫助，切不可讓他們喪失信心而**自暴自棄**。

2. 有些殘疾人曾有**自暴自棄**的想法，但聽了<u>杏林子</u>的事跡後，又重拾生活的勇氣。

暴：糟蹋，損害。不要把這裏的「暴」理解為兇狠或急躁的意思。棄：拋棄。

全力以赴

普：	quàn	lì	yǐ	fù
粵：	tsyn⁴〔存〕	lik⁹〔歷〕	ji⁵〔耳〕	fu⁶〔父〕

【解釋】

拿出全部力量投入到某一事情中去。

【例句】

1. 雁兒正**全力以赴**地準備升學考試。

2. 為了迎接亞運會，運動員們**全力以赴**，訓練十分刻苦。

赴：前往（某處）。這裏引申指投入到某一事情中。

全心全意

普： quán　　　xīn　　　quán　　　yì

粵： tsyn⁴〔存〕　sɐm¹〔深〕　tsyn⁴〔存〕　ji³〔衣陰去〕

【解釋】

形容把全部心思都用在某一事情上。

【例句】

1. **全心全意**為人民謀幸福的人，人民永遠都會感謝他。

2. 白醫生醫術高明，為病人服務**全心全意**，在醫院裏威望很高。

全神貫注 (全神貫注)

普： quán　　　shén　　　guàn　　　zhù

粵： tsyn⁴〔存〕　　sɐn⁴〔晨〕　　gun³〔灌〕　　dzy³〔著〕

【解釋】

全副精神高度集中。

【例句】

1. 學習的時候必須**全神貫注**，否則難以取得好的效果。

2. 阿欣正**全神貫注**地在做實驗，我悄悄走到她身邊，她一點都沒察覺。

貫注：集中精神、精力在一處。

名列前茅

普： míng　　　liè　　　qián　　　máo

粵： miŋ⁴〔明〕　lit⁹〔烈〕　tsin⁴〔錢〕　mau⁴〔矛〕

【解釋】

名次排列在前面。

【例句】

1. 壋壋的語文成績在班裏**名列前茅**。

2. 這兩支在分組預賽中**名列前茅**的球隊今晚相遇，比賽一定十分精彩。

> ①前茅：原為軍事用語，「茅」通「旄」(音毛)，指旄牛尾，它可以用來做旗子的裝飾物。古代行軍時，走在隊伍前面的人舉着用旄裝飾的旗子探路，以不同種類的旗子向後面的隊伍通報情況。這裏用「前茅」比喻居於前面的位置。②不要把「茅」寫成「矛」。

名副其實 （名副其实）

普：	míng	fù	qí	shí
粵：	miŋ⁴〔明〕	fu³〔富〕	kei⁴〔奇〕	sɐt⁹〔失陽入〕

【解釋】

名稱或名聲與實際相符合。

【例句】

1. 這真是部**名副其實**的喜劇片，觀眾看了都笑得前仰後合。

2. 名牌產品自應有優良的品質，但並非所有都能**名副其實**。

① 也作「名符其實」。② 副：符合，相稱。「名不副實」、「盛名之下，其實難副」中的「副」也是這個意思。

名落孫山 （名落孙山）

普： míng　　　luò　　　sūn　　　shān

粵： miŋ⁴〔明〕　 lɔk⁸〔樂〕　syn¹〔酸〕　san¹〔珊〕

【解釋】

指沒有考取或沒有被選拔上。

【例句】

1. 爸爸對哥哥說：「你如果不願在大學入學試中出現 **名落孫山**的結局，那就要在平時加緊學習。」

2. 五年級甲班在合唱比賽中**名落孫山**，同學們都很 難過。

①落：留在後面。孫山：人名。②這條成語有一個典故。據宋代范公偁《過庭錄》所載，當時吳地有一個叫孫山的人，和同鄉的兒子一起去參加科舉考試，孫山考中了，先回家，這位同鄉問自己的兒子考中沒有，孫山回答說：「解名盡處是孫山，賢郎更在孫山外。」意思是榜上最後一名是我孫山，你兒子的名字還在孫山之後。孫山以此委婉地向同鄉表示，他的兒子沒有考中。

各式各樣 (各式各样)

普： gè   shì   gè   yàng

粵： gɔk⁸〔角〕   sik⁷〔色〕   gɔk⁸〔角〕   jœŋ⁶〔讓〕

【解釋】

各種式樣或類別。

【例句】

1. 錢幣博物館裏陳列着**各式各樣**的古代錢幣，令人大開眼界。

2. 弟弟最喜歡逛玩具反斗城，那裏的玩具**各式各樣**，應有盡有，令他愛不釋手。

各奔前程

普： gè　　　bēn　　　qián　　　chéng

粵： gok⁸〔角〕　bɐn¹〔賓〕　tsin⁴〔錢〕　tsiŋ¹〔情〕

【解釋】

各奔各的前途。比喻各自按自己的志向，朝確定的目標努力。

【例句】

1. 我與大學同學雖然在畢業後**各奔前程**，但始終保持着密切的聯繫。

2. 大哥繼承父業，研究中國的傳統文化，而其他兄弟都**各奔前程**去了。

奔：奔向。前程：前面的路。

各執一詞 (各执一词)

普: gè　　　　zhí　　　　yī　　　　cí

粵: gɔk⁸〔角〕　dzɐp⁷〔汁〕　jɐt⁷〔壹〕　tsi⁴〔池〕

【解釋】

各自堅持一種說法。指雙方的說法、觀點不一致,相持不下。

【例句】

1. 他倆各執一詞地爭了半天,也沒爭出個結果來。

2. 星期天是到長洲去玩,還是參觀科學館,志文和志華各執一詞,最後只好去找爸爸商量。

> 執:堅持。「執迷不悟」中的「執」也是這個意思。一詞:指某一種說法或觀點。

各得其所

普： gè   dé   qí   suǒ

粵： gɔk⁸〔角〕   dɐk⁷〔德〕   kei⁴〔奇〕   sɔ²〔鎖〕

【解釋】

各個人或事物都得到恰當的位置或安排。

【例句】

1. 九龍中央圖書館設有兒童圖書館、成人圖書館、報紙雜誌閱覽室，還有視聽資料室、推廣活動室和自修室，不同的讀者來館後都能**各得其所**。

2. 停車場為各類車輛劃分了車位，使它們**各得其所**。

多姿多采

普：	duō	zī	duō	cǎi

粵：	dɔ¹〔躲陰平〕	dzi¹〔知〕	dɔ¹〔躲陰平〕	tsɔi²〔彩〕

【解釋】

形容事物花樣繁多，呈現出不同的姿態或風貌。

【例句】

1. 你希望過一個**多姿多采**的生活嗎？

2. 書中的世界**多姿多采**，讀書就是人生的一大樂事！

交頭接耳 (交头接耳)

普：	jiāo	tóu	jiē	ěr
粵：	gau¹〔郊〕	tɐu⁴〔投〕	dzip⁸〔摺〕	ji⁵〔以〕

【解釋】

湊近耳邊低聲說話。

【例句】

1. 考試的時候嚴禁**交頭接耳**，這條紀律已經三令五申過了，你們沒有記在心上嗎？

2. 聽了他的發言，大家**交頭接耳**地議論着，會場上發出一片「嗡嗡」的聲響。

交頭：頭挨着頭。接耳：嘴湊近耳朵。

衣衫襤褸 （衣衫褴褛）

普： yī　　　　shān　　　　lán　　　　lǚ

粵： ji¹〔醫〕　　sam¹〔三〕　　lam⁴〔藍〕　　lœy⁵〔呂〕

【解釋】

身上的衣服破破爛爛。

【例句】

1. 隨着社會生活水平的提高，現在比較少見到**衣衫襤褸**的人了。

2. 他在外流浪了兩個月，竟弄得**衣衫襤褸**，頭髮又長又髒，人們幾乎認不出他來。

---

①襤褸：衣服破爛。有時也寫成「藍縷」。②不要把「襤褸」讀成「監妻」。

汗流浹背 (汗流浹背)

普：	hàn	liú	jiā	bèi
粵：	hɔn⁶〔翰〕	lɐu⁴〔留〕	dzip⁸〔接〕	bui³〔貝〕

【解釋】

汗水流遍脊背。形容出汗很多。

【例句】

1. 來看露天演出的人很多，在烈日下儘管個個**汗流浹背**，但大家仍然興致勃勃。

2. 我們**汗流浹背**地登上<u>馬鞍山</u>，放眼四望，心情格外舒暢。

①浹：遍及。②不要把「浹」寫成「夾」。

江郎才盡 (江郎才尽)

普： jiāng   láng   cái   jìn

粵： gɔŋ¹〔剛〕   lɔŋ⁴〔狼〕   tsɔi⁴〔財〕   dzœn⁶〔進陽去〕

【解釋】

比喻才思減退。

【例句】

1. 一些「神童」長大後所以會出現**江郎才盡**的現象，沒有對他們因材施教是一個重要的原因。

2. 這位當年獲獎的作家近幾年一直沒有好作品問世，有人猜測他已**江郎才盡**了。

「江郎才盡」中的「江郎」指江淹，是南朝宋時有名的文學家，晚年才思減退，當時人説他文才用盡了。又傳説一天晚上江淹夢見一個人對他説：「我有一枝筆借給你很久了，請還給我。」江淹一摸懷裏，果然有一枝五色筆，便還給了那個人。江淹失去這枝筆後，寫的詩大為遜色，世人傳言江淹才盡。

安分守己

普：	ān	fèn	shǒu	jǐ
粵：	ɔn¹〔鞍〕	fɐn⁶〔份〕	sɐu²〔手〕	gei²〔紀〕

【解釋】

守本分,規矩老實。

【例句】

1. 他是個**安分守己**的人,從來不去惹事生非的。

2. 三叔在這個小鎮上**安分守己**地生活了二十多年, 一直以賣麵包為生。

①分:本分。安分:安於所處的地位和環境。己:指自 己活動的限度。②不要把這裏的「分」讀成「分別」、「區 分」的「分」。

安居樂業 (安居乐业)

普：	ān	jū	lè	yè
粵：	ɔn¹〔鞍〕	gœy¹〔舉陰平〕	lɔk⁹〔落〕	jip⁹〔葉〕

【解釋】

安定地居住下來，愉快地工作。

【例句】

1. 這個小城經濟繁榮，社會穩定，人們過着**安居樂業**的生活。

2. 政府興建不少社區設施，是希望市民能**安居樂業**。

---

① 安：感到安定。居：居住的地方。樂：感到愉快。業：職業。② 不要把這裏的「樂」讀成「音樂」的「樂」。

字斟句酌

普： zì　　　zhēn　　　jù　　　zhuó

粵： dzi⁶〔治〕　dzɐm¹〔針〕　gœy³〔據〕　dzœk⁸〔雀〕

【解釋】

對每一字每一句都仔細推敲、琢磨。形容說話、寫文章態度慎重，反復考慮字句是否恰當。

【例句】

1. 寫一封報平安的信回家，又何必這樣**字斟句酌**呢？

2. 俊生明天要在畢業典禮上發言，他把發言稿**字斟句酌**地修改了好幾遍，才感安心。

斟酌：指對事情、文字是否恰當進行反復認真的考慮。

如魚得水 （如鱼得水）

普：	rú	yú	dé	shuǐ
粵：	jy⁴〔余〕	jy⁴〔如〕	dɐk⁷〔德〕	sœy²〔雖陰上〕

【解釋】

好像魚得到了水。比喻得到跟自己很投契的人或很適宜於自己的環境。

【例句】

1. 大雄有唱歌的天分，在合唱隊裏**如魚得水**。

2. 公司經理重視讓員工發揮自己的領導才能，立羣在這裏工作很有**如魚得水**的感覺。

如夢初醒 (如梦初醒)

普： rú　　　　mèng　　　　chū　　　　xǐng

粵： jy⁴〔余〕　muŋ⁶〔蒙陽去〕　tsɔ¹〔礎〕　siŋ²〔星陰上〕

【解釋】

好像剛從夢中醒來。比喻剛剛從糊塗錯誤的認識中覺悟過來。

【例句】

1. 聽了慧英的解釋，<u>玉蓮</u>**如夢初醒**，發覺是自己錯怪了她。

2. 老師講解了同一個詞在不同的語言環境裏有不同含義的道理，<u>小勇</u>臉上露出**如夢初醒**的樣子，終於明白了自己剛才的回答有何不對。

也作「如夢方醒」。方：方才。

如數家珍 （如数家珍）

普： rú　　　　shǔ　　　　jiā　　　　zhēn

粵： jy⁴〔余〕　　sou²〔嫂〕　　ga¹〔加〕　　dzɐn¹〔真〕

【解釋】

好像點數自己家藏的珍寶那樣。形容對所講的事物非常熟悉。

【例句】

1. <u>海明</u>到科學館參觀過不少次，說起那裏的展品，簡直**如數家珍**。

2. <u>永康</u>**如數家珍**地向同學們介紹<u>日本</u>漫畫的發展歷史。

> 不要把這裏的「數」讀成「數目」的「數」。

如醉如癡 (如醉如痴)

普：	rú	zuì	rú	chī
粵：	jy⁴〔余〕	dzœy³〔最〕	jy⁴〔余〕	tsi¹〔雌〕

【解釋】

形容由於極度迷戀而神情失去常態的樣子。

【例句】

1. 表哥沉迷在科幻小說中，**如醉如癡**，常常連飯都
   忘了吃。
2. <u>樂生</u>的演奏繞樑三日，使人**如醉如癡**。

癡：形容神態失常，不能自制。

如願以償 (如愿以償)

普：	rú	yuàn	yǐ	cháng
粵：	jy⁴〔余〕	jyn⁶〔縣〕	ji⁵〔耳〕	sœŋ⁴〔常〕

【解釋】

按照自己的願望實現了；自己的願望得到了滿足。

【例句】

1. 艾兒**如願以償**地考進香港大學，心裏能不高興嗎？

2. 明華一直想有一臺屬於自己的電腦，這次總算**如願以償**了。

> 如：按照。償：滿足。

走馬看花 （走马看花）

普： zóu　　　　mǎ　　　　kàn　　　　huā

粵： dzɐu²〔酒〕　ma⁵〔碼〕　hɔn³〔漢〕　fa¹〔化陰平〕

【解釋】

騎馬跑着觀賞花。現在用來比喻粗略地觀察事物。

【例句】

1. 今天我到全國圖書展上**走馬看花**地參觀了一下，發現圖書品種之豐富大大出乎我的意料。

2. 要真正了解香港經濟的發展狀況，**走馬看花**是不夠的，必須深入有系統地調查研究才行。

①走：跑。走馬：騎着馬跑。②這條成語源於唐代孟郊的一首詩《登科後》：「春風得意馬蹄疾，一日看盡長安花。」它原用於形容一種愉快得意的情態，但在現代漢語裏一般不再使用這一意思。

志同道合

普：	zhì	tóng	dào	hé
粵：	dzi³〔至〕	tuŋ⁴〔銅〕	dou⁶〔杜〕	hɐp⁹〔盒〕

【解釋】

志向相同，所選擇的人生道路一致。

【例句】

1. 他倆是**志同道合**的朋友，合力創辦了一間幼兒院。

2. 這些年輕的大學畢業生**志同道合**，都希望在電腦軟件開發方面幹出一番事業來。

劫富濟貧 (劫富济贫)

普： jié　　　　　fù　　　　　jì　　　　　pín

粵： gip⁸〔記協切〕　　fu³〔副〕　　dzɐi³〔制〕　　pɐn⁴〔頻〕

【解釋】

奪取富人的不義之財來救濟窮人。

【例句】

1. 阿勇對小說裏那些**劫富濟貧**的故事非常熟悉，講起來頭頭是道。

2. 明末李自成的義軍**劫富濟貧**，除暴安良，很受百姓擁護。

劫：奪取。濟：救濟，幫助。「扶危濟困」中的「濟」也是這個意思。

克勤克儉 （克勤克傉）

普： kè　　　qín　　　kè　　　jiǎn

粵： hɛk⁷〔黑〕　kɐn⁴〔芹〕　hɛk⁷〔黑〕　gim⁶〔兼陽去〕

【解釋】

既能勤勞地做事，又能節省開支，不浪費財物。

【例句】

1. 媽媽操持家務**克勤克儉**，鄰居們都稱讚她是個好主婦。

2. 這家公司雖然發達起來了，但員工們依然保持着創業時那種**克勤克儉**的作風。

①克：能夠。②不要把「克」寫成「刻」，也不要把「儉」寫成「檢」。

杞人憂天 (杞人忧天)

普: qǐ　　　rén　　　yōu　　　tiān

粵: gei²〔己〕　jɐn⁴〔仁〕　jɐu¹〔休〕　tin¹〔田陰平〕

【解釋】

比喻不必要的憂慮。

【例句】

1. 志傑到醫院探望許揚，安慰他說：「你得的不是甚麼大病，用个着杞人憂天，我们還盼着和你一起打球呢！」

2. 公司的經營必須立即加以整頓，否則難以在市場上立足，這並非杞人憂天，而是許多有識之士的共同看法。

杞是古代的一個小國。這條成語源於《列子‧天瑞》中的一則記載。據說杞國有個人擔心天會塌下來，自己無處安身，於是愁得睡不着覺，吃不下飯。

更上一層樓 （更上一层楼）

普：gèng　　shàng　　yī　　céng　　lóu

粵：gɐŋ²〔羹陰去〕　sœŋ⁵〔尚陽上〕　jɐt⁷〔壹〕　tsɐŋ⁴〔曾〕　lɐu⁴〔留〕

【解釋】

比喻再提高一步。

【例句】

1. 麗芳並不滿足於已經取得的成績，她要**更上一層樓**，為實現新的目標而努力。

2. 媽媽對大仁說：「如果你想在學業上**更上一層樓**，那麼不但要上課時認真聽講，還要多讀課外書，進一步開闊眼界，豐富自己的知識。」

①更：再。②這條成語出自唐代詩人王之渙《登鸛雀樓》中的詩句：「欲窮千里目，更上一層樓。」原意是要想開闊眼界，看得更遠，就要立足於更高的位置。後來多用它的比喻義，表示再提高一步。③不要把這裏的「更」讀成「變更」、「三更半夜」的「更」。

更勝一籌 (更胜一筹)

普：	gèng	shèng	yī	chóu
粵：	gen³〔羹陰去〕	sin³〔性〕	jet⁷〔壹〕	tseu⁴〔酬〕

【解釋】

更強一點。

【例句】

1. 說到演技，<u>浩源</u>比<u>新民</u>**更勝一籌**，這是大家公認的。

2. 我覺得乙班球隊的水平比甲班**更勝一籌**，甲班想贏乙班可不那麼容易。

更：更加。勝：超過。籌：一種竹、木製成的小棍或小片，用來計數。

束手待斃 (束手待斃)

普： shù　　　　shǒu　　　　dài　　　　bì

粵： tsuk⁷〔促〕　　sɐu²〔首〕　　dɔi⁶〔代〕　　bɐi⁶〔幣〕

【解釋】

捆起手來等死。比喻遇到危難，不努力設法擺脫，坐着等死或坐等失敗。

【例句】

1. 義軍在敵人的重重圍困下並沒有**束手待斃**，他們拼死衝殺了出去，決心重整旗鼓。

2. 他是位作風頑強的棋手，即使棋勢對他很不利，他也不會**束手待斃**的。

①束：捆住。「束手無策」中的「束」也是這個意思。待：等待。斃：死。②不要把「待」寫成「侍」，也不要把「斃」寫成「弊」或「蔽」。③另一條成語「坐以待斃」的意思和「束手待斃」相通。

扶老攜幼 (扶老携幼)

普： fú　　　　lǎo　　　　xié　　　　yòu

粵： fu¹〔符〕　　lou⁵〔魯〕　　kwɐi⁴〔葵〕　　jɐu³〔丘陰去〕

【解釋】

扶着老人，領着小孩。形容全家出動。有時也用於形容對老人、小孩熱心幫助照顧。

【例句】

1. 假日裏，**扶老攜幼**到九龍公園來的遊人很多，這裏確實是消閒的好去處。

2. 旅行團領隊**扶老攜幼**，為團友排憂解難，提供了令人滿意的服務。

①攜：攜帶。②「扶老攜幼」形容全家出動，它既可能是全家出來遊覽、參觀或歡迎，也可能是全家外出逃難。使用在不同場合，它所表現的感情色彩是不同的。

抑揚頓挫 （抑扬顿挫）

普：	yì	yáng	dùn	cùo
粵：	jik⁷〔億〕	jœŋ⁴〔陽〕	dœn⁶〔鈍〕	tsɔ³〔錯〕

【解釋】

聲音高低起伏，停頓轉折，節奏分明而又富於變化。
大多用於形容語調或音樂。

【例句】

1. 謝老師**抑揚頓挫**的朗讀充分展現了這首古詩的音樂美，也加深了我們對詩意的理解。

2. 那琵琶聲**抑揚頓挫**，飽含着感情，把大家深深吸引住了。

---

① 抑：降低。揚：升高。頓：停頓。挫：轉折。② 不要把「抑」寫成或讀成「仰」，也不要把「揚」寫成「楊」。

見義勇為 (见义勇为)

普： jiàn　　　　yì　　　　　yǒng　　　　wéi

粵： gin³〔建〕　　ji⁶〔二〕　　juŋ⁵〔容陽上〕　wɐi⁴〔維〕

【解釋】

見到正義的事就奮勇去做。

【例句】

1. 孫悟空**見義勇為**，愛打抱不平，《西遊記》裏就記有許多這樣的故事。

2. 這位跳水救人、**見義勇為**的好市民，受到眾人的讚賞。

①義：指合乎正義的事。為：做。「事在人為」、「敢作敢為」中的「為」也是這個意思。②不要把這裏的「為」讀成「為甚麼」的「為」。

足智多謀 (足智多谋)

音： zú　　　　zhì　　　　duō　　　　móu

粵： dzuk⁷〔竹〕　dzi³〔至〕　dɔ¹〔躲ᵧ₌₌〕　mɐu⁴〔牟〕

【解釋】

有智慧，計謀多。形容人善於料事和用計謀。

【例句】

1. 《水滸傳》裏的吳用是位**足智多謀**的軍師，人稱「智多星」。

2. 我們的籃球教練**足智多謀**，有他臨場指導，我們對勝利充滿信心。

> 足：充足，豐富。「豐衣足食」中的「足」也是這個意思。

別出心裁

普： bié　　　chū　　　xīn　　　cái

粵： bit⁹〔必陽入〕　tsœt⁷〔齣〕　sɐm¹〔深〕　tsɔi⁴〔才〕

【解釋】

想出了與眾不同的主意。指獨創一格，有新意。

【例句】

1. 這條謎語編得**別出心裁**，許多人一時都猜不出來。

2. 你認為悉尼歌劇院和巴黎鐵塔是**別出心裁**的建築嗎？

①也作「獨出心裁」。②別：另外，這裏指與他人的不一樣。心裁：出自自己內心的設計，籌劃。③不要把這裏的「別」理解為「不要」的意思。④這條成語大多用於形容詩文、美術或建築設計等的構思。

別有天地

普: bié　　　yǒu　　　tiān　　　dì

粵: bit⁹〔必陽入〕　jɐu⁵〔友〕　tin¹〔田陰平〕　dei⁶〔杜利切〕

【解釋】

另有一種境界。

【例句】

1. 我們在桂林遊覽了七星巖溶洞，洞中景象奇妙，可謂**別有天地**。

2. 國明到加拿大遊覽後，感到那裏**別有天地**，很想到那裏生活。

利令智昏

普： lì　　　　lìng　　　　zhì　　　　hūn

粵： lei⁶〔莉〕　　liŋ⁶〔另〕　　dzi³〔至〕　　fɐn¹〔紛〕

【解釋】

因貪圖私利而使頭腦發昏，以至甚麼都不顧了。

【例句】

1. 他已發展到**利令智昏**的地步，為了撈取錢財竟甚麼卑鄙手段都使出來了。

2. 你不要**利令智昏**，這種昧心的錢是不能拿的，否則會受到法律的制裁。

令：使得。智：理智。昏：神志不清，迷糊。

我行我素

普： wǒ   xíng   wǒ   sù

粵： ŋɔ⁵〔臥陽上〕   hɐŋ⁴〔恆〕   ŋɔ⁵〔臥陽上〕   sou³〔訴〕

【解釋】

不管外界情況如何或別人怎麼說，我還是按照我平素的一套去做。

【例句】

1. 瑞蘭是個**我行我素**的人，想讓她改變習慣，可不是件容易的事。

2. 你不要再**我行我素**了，還是聽聽大家的建議，重新考慮一下你的做法吧。

---

①行：做。素：平素，向來。「素不相識」、「素昧平生」中的「素」也是這個意思。這裏的「素」指平素的做法。②不要把這裏的「行」讀成「銀行」、「各行各業」的「行」。

似懂非懂

普： sì　　　dǒng　　　fēi　　　dǒng

粵： tsi⁵〔此陽上〕　duŋ²〔董〕　fei¹〔飛〕　duŋ²〔董〕

【解釋】

好像懂，又好像不懂。

【例句】

1. 天華對學過的知識只是**似懂非懂**地知道個大概，
所以在回答老師提問時常常出錯。

2. 這本書的內容比較深，永輝讀了以後**似懂非懂**。

似：像。

作賊心虛 （作賊心虛）

普：	zuò	zéi	xīn	xū
粵：	dzɔk⁸〔昨中入〕	tsak⁹〔冊陽入〕	sɐm¹〔深〕	hœy¹〔墟〕

【解釋】

做了壞事，總怕被人覺察出來，疑神疑鬼，十分不安。

【例句】

1. 他收受賄賂，**作賊心虛**，只要同事們聚在一起議論甚麼，他就懷疑他們是否已知道這事。

2. 阿三偷了別人的單車，**作賊心虛**地把它一直藏在家裏，不敢騎到外面去，生怕被人發現。

> 心虛：做錯了事怕人知道，內心膽怯不安。

身體力行 (身体力行)

普：	shēn	tǐ	lì	xíng
粵：	sɛn¹〔辛〕	tɐi²〔睇〕	lik⁹〔歷〕	hɐŋ⁴〔恆〕

【解釋】

親身體驗，努力實行。指親自努力去做。

【例句】

1. 彭校長鼓勵學生加強體育鍛煉，自己也**身體力行**，每天堅持跑步。

2. 財務科的同事們在生活上互相關心，在工作上互相配合，這種融洽的關係是顧主任親自倡導並**身體力行**的結果。

①身：親身。體：體驗。力：努力。②不要把這裏的「身體」理解為人的身子。

坐立不安

普： zuò　　　　lì　　　　bù　　　　ān

粵： dzɔ⁶〔座〕　lap⁹〔臘〕　bɐt⁷〔筆〕　ɔn¹〔鞍〕

【解釋】

坐也不是，站也不是，心裏總不安寧。形容焦急、煩
躁或情緒緊張的樣子。

【例句】

1. 弟弟第一次到牙醫診所拔牙，在候診時**坐立不
   安**，心裏很緊張。

2. 晚飯做好很久了，可是兒子還沒有回家，老媽媽
   急得**坐立不安**，不時到窗前張望。

言簡意賅 (言简意赅)

普： yán   jiǎn   yì   gāi

粵： jin⁴〔然〕   gan²〔柬〕   ji³〔衣陰去〕   gɔi¹〔該〕

【解釋】

言語簡練，意思完備。形容說話或寫文章簡明扼要。

【例句】

1. 通告要寫得**言簡意賅**，讓人一看就能明白。

2. 體育老師**言簡意賅**地宣佈了比賽的規則，要求大家切實遵守。

①賅：完備。②不要把「賅」寫成「該」或讀成「亥」。

忘恩負義 (忘恩负义)

普： wàng　　　ēn　　　　fù　　　　yì

粵： moŋ⁴〔亡〕　　jɐn¹〔因〕　　fu⁶〔父〕　　ji⁶〔二〕

【解釋】

忘記別人對自己的恩德，背棄道義，做出對不起別人的事。

【例句】

1. 這種**忘恩負義**的傢伙為眾人所不齒。

2. 明代的馬中錫寫過一篇《中山狼傳》，講一隻狼**忘恩負義**，竟然要吃掉救過牠性命的東郭先生，從此人們就用「中山狼」來比喻那些毫無良心、恩將仇報的壞人。

> 負：違背，背棄。義：道義。

冷言冷語 (冷言冷语)

普：	lěng	yán	lěng	yǔ
粵：	laŋ⁵〔離孟切〕	jin⁴〔然〕	laŋ⁵〔離孟切〕	jy⁵〔雨〕

【解釋】

從側面或反面說的含有譏諷意味的話，或說這類冷冰冰的話。

【例句】

1. 試驗失敗後，別人的**冷言冷語**多起來了，他的精神壓力很大。

2. 有人對他辦學的義舉不理解，**冷言冷語**地挖苦他，但他全不放在心上。

初生之犢不畏虎

(初生之犢不畏虎)

普：	chū	shēng	zhī	dú
	bù	wèi	hǔ	

粵：	tsɔ¹〔磋〕	sɐŋ¹〔甥〕	dzi¹〔支〕	duk⁹〔讀〕
	bɐt⁷〔筆〕	wɐi³〔慰〕	fu²〔苦〕	

【解釋】

剛生下來的小牛犢不怕老虎。比喻年青人無所畏懼，
敢作敢為。

【例句】

1. 這些年青人真是**初生之犢不畏虎**，聽說要組織探險隊，就紛紛報名。

2. 富榮從大學剛畢業，有一股**初生之犢不畏虎**的精神，再艱巨的工作他也樂於承擔。

---

① 也作「初生之犢不怕虎」、「初生牛犢不怕虎」。
② 犢：剛生下的小牛。「老牛舐犢」、「賣刀買犢」中的「犢」也是這個意思。畏：畏懼，害怕。③ 不要把「犢」寫成「讀」。

妙趣橫生

普：	miào	qù	héng	shēng
粵：	miu⁶〔廟〕	tsœy³〔脆〕	waŋ⁴〔華盲切〕	sɐŋ¹〔甥〕

【解釋】

洋溢着美妙的情趣。大多用於形容語言、文章、藝術作品或文藝表演。

【例句】

1. 他這番**妙趣橫生**的話引發出聽眾熱烈的掌聲。

2. 卜勞恩的漫畫集《父與子》**妙趣橫生**，無論是大人還是孩子都很愛看。

橫生：充分流露。

孜孜不倦

普： zī　　　　zī　　　　bù　　　　juàn

粵： dzi¹〔之〕　dzi¹〔之〕　bɐt⁷〔筆〕　gyn⁶〔捐陽去〕

【解釋】

勤奮努力，從不厭倦。

【例句】

1. 慧敏在星期天仍然**孜孜不倦**地學習英語，小芬說：「你簡直成了英語迷了。」

2. 由於科學家們**孜孜不倦**的努力，自然界的奧秘正一個又一個地被揭開。

①孜孜：勤奮努力的樣子。倦：厭倦。「誨人不倦」中的「倦」也是這個意思。②不要把「孜」寫成「仔」，或把「倦」寫成「卷」。

奉公守法

普：	fèng	gōng	shǒu	fǎ
粵：	fuŋ⁶〔鳳〕	guŋ¹〔工〕	sɐu²〔手〕	fat⁸〔發〕

【解釋】

奉行公事，遵守法令。指官員依法辦事，公正無私。也可以指一般人在生活或工作中守規矩，不違法亂紀。

【例句】

1. 鄭先生是個**奉公守法**、清正廉明的公務人員，很受大家尊敬。

2. 爸爸一生**奉公守法**，為子女們樹立了榜樣。

不要把「奉」讀成或寫成「捧」。

玩物喪志 (玩物丧志)

普： wán   wù   sàng   zhì

粵： wun⁶〔換〕   mɐt⁹〔勿〕   sɔŋ³〔爽陰去〕   dzi³〔至〕

【解釋】

因沉迷於玩賞所喜愛的東西而失去了向上進取的志氣。

【例句】

1. 一個學生如果沉迷於玩遊戲機，功課不做，書也不讀，那就是**玩物喪志**了。

2. 過去有些**玩物喪志**的官僚子弟，終日鬥雞走狗，到頭來一事無成。

> ①喪：失去。「喪家之犬」、「聞風喪膽」中的「喪」也是這個意思。②不要把這裏的「喪」讀成「喪事」的「喪」，也不要寫成「傷」。

青紅皂白 （青紅皂白）

普： qīng　　　hóng　　　zào　　　bái

粵： tsiŋ¹〔清〕　huŋ⁴〔洪〕　dzou⁶〔造〕　bak⁹〔蔔〕

【解釋】

本指四種顏色。現在用來比喻事情的是非曲直或始末情由。

【例句】

1. 媽媽下班回家，見兄弟兩人不做功課，正在爭吵，便不問青紅皂白地把他們都訓了一頓。

2. 你應該把事情的青紅皂白先弄清楚，然後再來發表意見。

①皂：黑色。②這條成語常常用在「不分」、「不問」、「不管」等詞語的後面。

取之不盡 (取之不尽)

普： qǔ　　　zhī　　　bù　　　jìn

粵： tsœy²〔娶〕　dzi¹〔支〕　bɐt⁷〔筆〕　dzœn⁶〔進陽去〕

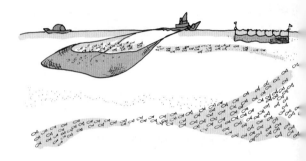

【解釋】

拿不完。形容非常豐富。

【例句】

1. 浩瀚的大海裏有人類**取之不盡**的資源，現在世界各國已經越來越重視對海洋的開發和利用。

2. 人民的生活中蘊含着文藝創作的豐富素材，**取之不盡**，用之不竭。

①盡：完。②這條成語常常和「用之不竭」(用不完)連用。

枉費心機 (枉费心机)

普： wǎng　　fèi　　xīn　　jī

粵： wɔŋ²〔汪陰上〕　fɐi³〔廢〕　sɐm¹〔深〕　gei¹〔基〕

【解釋】

白白地費了一番心思，毫無所得。

【例句】

1. 鐵證如山，無論你怎樣狡辯，也只能是**枉費心機**。

2. 你別**枉費心機**地想在這件事上渾水摸魚，別人早看穿你的圖謀了。

枉：白白地。心機：心思，計謀。

東奔西跑 (东奔西跑)

普： dōng　　　bēn　　　xī　　　pǎo

粵： duŋ¹〔冬〕　　bɐn¹〔賓〕　　sɐi¹〔犀〕　　pau²〔拋陰上〕

【解釋】

到處奔走，忙碌不停。

【例句】

1. 翠紅**東奔西跑**地為慈善基金會募捐，雖然很累，但覺得很有意義。

2. 沈先生為了辦好這次聯誼活動，**東奔西跑**，工作態度熱誠可嘉。

東拉西扯 (东拉西扯)

普： dōng　　lā　　　xī　　　chě

粵： duŋ¹〔冬〕　lai¹〔賴陰平〕　sɐi¹〔犀〕　tsɛ²〔且〕

【解釋】

形容說話、寫文章東一句西一句，沒有中心。

【例句】

1. 他在路上遇到舊日的鄰居，**東拉西扯**地聊起來，差點兒誤了上班時間。

2. 文章要圍繞中心來寫，切忌**東拉西扯**，下筆千言，離題萬里。

東施效顰 (东施效颦)

普： dōng　　　　shī　　　　xiào　　　　pín

粵： duŋ¹〔冬〕　si¹〔詩〕　hau⁶〔校〕　pɐn⁴〔貧〕

【解釋】

比喻胡亂摹仿，效果很壞，和預想的完全不一樣。

【例句】

1. 一個人適宜穿甚麼樣的衣服，跟這個人的氣質、
   身材有密切關係，如果**東施效顰**，未必會有理想
   的效果。

2. 你如果知道了**東施效顰**的可笑，就不會亂去摹仿
   別人的樣子了。

①效：仿效，摹仿。顰：皺眉。②這條成語源於《莊子·天運》中的一則寓言故事。據說古代有個美女叫西施，一天西施病了，按着心口，皺着眉頭。她的鄰居東施見了，覺得這樣子很美，就摹仿起來。東施本來就長得醜，再按心口，皺眉頭，樣子更加難看，把別人都嚇跑了。

東張西望 (东张西望)

普： dōng　　zhāng　　xī　　wàng

粵： duŋ¹〔冬〕　dzœŋ¹〔章〕　sɐi¹〔犀〕　mɔŋ⁶〔亡陽去〕

【解釋】

東瞧瞧，西望望，向四周不停地看。

【例句】

1. 上課的時候，淑芬**東張西望**地沒有專心聽講，所以回家做練習，有的題目簡直不知道該如何回答。

2. 國良站在校門口**東張西望**，好像在等候甚麼人似的。

> 張：看，望。它和「望」可以組成「張望」這個詞。

兩手空空 (兩手空空)

普： liáng   shǒu   kōng   kōng

粵： lœŋ⁵〔倆〕 sɐu²〔首〕 huŋ¹〔凶〕 huŋ¹〔凶〕

【解釋】

形容手裏甚麼也沒有。

【例句】

1. 李先生**兩手空空**地來到這座城市，開始他艱苦創業的生活。

2. 聰聰和爸爸去釣魚，回家的時候卻**兩手空空**的，原來他們把捕獲的魚兒都放回河裏去了。

> 空空：形容甚麼也沒有。「空空如也」中的「空空」也是這個意思。

兩敗俱傷 (两败俱伤)

普： liǎng　　bài　　jù　　shāng

粵： lœŋ⁵〔倆〕　　bai⁶〔拜陽去〕　　kœy¹〔驅〕　　sœŋ¹〔雙〕

【解釋】

爭鬥的雙方都受到傷害，誰也不是勝利者。

【例句】

1. 他們兩人互相攻擊，大揭對方的短處，結果**兩敗俱傷**，誰也沒有從中得到甚麼好處。

2. 這場無謂的爭鬥弄得**兩敗俱傷**，雙方的元氣很久都沒有恢復過來。

俱：都。

披荊斬棘 (披荆斩棘)

普： pī　　　jīng　　　zhǎn　　　jí

粵： pei¹〔丕〕　gin¹〔京〕　dzam²〔站陰上〕　gik⁷〔擊〕

【解釋】

撥開荊條，砍去棘樹。比喻在創業或前進中掃除種種困難和障礙。

【例句】

1. 這幾個人**披荊斬棘**，在野山坡上開闢出一片很大的茶園。

2. 陶校長在創辦這所學校時困難重重，他**披荊斬棘**，百折不回，終於取得成功。

①披：分開，撥開。斬：砍斷。荊：一種落葉灌木，枝條可以用來編筐。棘：酸棗樹，枝上有很多刺。荊棘：泛指山野中帶刺的小灌木，也比喻困難和障礙。「荊棘載途」中的「荊棘」也是這個意思。②不要把「棘」寫成「刺」或「辣」。

虎頭蛇尾 (虎头蛇尾)

普：	hǔ	tóu	shé	wěi
粵：	fu²〔苦〕	tɐu⁴〔投〕	sɛ⁴〔余〕	mei⁵〔美〕

【解釋】

頭大如虎，尾細如蛇。比喻做事情前緊後鬆，起初聲勢很大，往後勁頭越來越小，不能善始善終。

【例句】

1. 曉敏學棋**虎頭蛇尾**，當初四處拜師，近來卻不摸棋子了。

2. 這件事辦得**虎頭蛇尾**，到後來幾乎沒有人再去過問它了。

忠貞不渝 (忠贞不渝)

普： zhōng　　zhēn　　bù　　yú

粵： dzuŋ¹〔宗〕　dziŋ¹〔晶〕　bɐt⁷〔筆〕　jy⁴〔余〕

【解釋】

忠誠堅定，永不改變。

【例句】

1. 他對自己的信仰**忠貞不渝**，即使身處逆境，也從來沒有動搖過。

2. 牛郎和織女有着**忠貞不渝**的愛情，他們雖然被天河阻隔，但始終相望相伴，心心相印。

①忠：忠誠。貞：理想或操守堅定不移。渝：改變 (多指態度或感情)，與「始終不渝」中的「渝」同義。②不要把「貞」寫成「真」，也不要把「渝」寫成「愉」或「俞」。

物傷其類 (物伤其类)

音： wù　　　　shāng　　　qí　　　　lèi

粵： mɐt⁹〔勿〕　sœŋ¹〔雙〕　kei⁴〔奇〕　lœy⁶〔淚〕

【解釋】

因同類遭受不幸而感到悲傷。

【例句】

1. 兔死狐悲，**物傷其類**。看到同伙的可悲下場，他心中不免感到悽然。

2. 侵蘇德軍節節敗退的消息傳來後，侵華日軍**物傷其類**，也為自己的命運憂心忡忡。

刮目相看

普：	guā	mù	xiāng	kàn
粵：	gwat⁸〔颳〕	muk⁹〔木〕	sœŋ¹〔商〕	hɔn¹〔呵安切〕

【解釋】

用新的眼光來看待。指對有顯著進步的人或事物不再用老眼光看待。

【例句】

1. 僅僅過了一個學期，敏兒的英語成績就有如此大的進步，不能不使人**刮目相看**。

2. 香港這些年來經濟繁榮，發展很快，世人對她無不**刮目相看**。

①也作「刮目相待」。待：對待。②刮目：擦眼睛。比喻去掉舊的看法。

和顏悅色 (和颜悦色)

普：	hé	yán	yuè	sè
粵：	wɔ⁴〔禾〕	ŋan⁴〔眼陽平〕	jyt⁹〔月〕	sik⁷〔式〕

【解釋】

溫和的面容，喜悅的臉色。形容態度和藹可親。

【例句】

1. 黃老師**和顏悅色**地一次又一次糾正我的英語讀音，從來不曾厭煩過。

2. 空中小姐**和顏悅色**，細心照顧着每一位乘客。

> 顏：面容。「笑逐顏開」、「鶴髮童顏」中的「顏」也是這個意思。色：臉色。「喜形於色」、「察言觀色」中的「色」也是這個意思。

依山傍水

普： yī   shān   bàng   shuǐ

粵： ji¹〔衣〕   san¹〔珊〕   bɔŋ⁶〔磅〕   sœy²〔雖陰上〕

【解釋】

指建築物座落在山的旁邊，又臨近溪流或湖泊。

【例句】

1. 這個**依山傍水**的小村總共只有二十多戶人家，村民大多以種茶為業。

2. <u>雲湖度假園</u>**依山傍水**，服務設施齊全，給我留下了難忘的印象。

依：靠。傍：靠近。

依依不捨 (依依不舍)

普： yī   yī   bù   shě

粵： ji¹〔衣〕   ji¹〔衣〕   bɐt⁷〔筆〕   sɛ²〔寫〕

【解釋】

形容十分留戀，捨不得離開。

【例句】

1. 立生**依依不捨**地辭別父母，踏上了到日本留學的旅途。

2. 秦老師要調到別的學校教書去了，同學們**依依不捨**，有的同學還流下淚來。

依依：形容十分留戀，不忍分離的樣子。「依依惜別」、「依依之情」中的「依依」也是這個意思。捨：捨棄，離開。「戀戀不捨」、「難捨難分」中的「捨」也是這個意思。

欣欣向榮 （欣欣向荣）

普：	xīn	xīn	xiàng	róng
粵：	jen¹〔因〕	jen¹〔因〕	hœŋ³〔香陰去〕	wiŋ⁴〔永陽平〕

【解釋】

形容草木長勢繁盛。也比喻事業繁榮興旺。

【例句】

1. 植物園裏奇花異卉**欣欣向榮**，充滿着勃勃生機。

2. 近年來職業教育呈現出一片**欣欣向榮**的景象，有力地促進了勞動者素質的提高。

欣欣：形容草木生機旺盛的樣子。榮：草木茂盛，興盛。

欣喜若狂

普:	xīn	xǐ	ruò	kuáng
粵:	jɐn¹〔因〕	hei²〔起〕	jœk⁹〔弱〕	kwɔŋ⁴〔礦陽平〕

【解釋】

形容高興到了極點。

【例句】

1. 金帆樂團被選拔到<u>日本</u>參加文化交流活動，消息傳來，團員們**欣喜若狂**。

2. <u>小燕</u>得知自己獲獎後，**欣喜若狂**地立刻把喜訊告訴了父母。

> 欣喜：高興，快樂。若：好像。狂：瘋狂，精神失去常態。若狂：這裏形容極其高興，似乎到了感情無法控制的程度。

金玉其外，敗絮其中

（金玉其外，敗絮其中）

| 普： | jīn | yù | qí | wài, |
| | bài | xù | qí | zhōng |

| 粵： | gɐm¹〔今〕 | juk⁹〔欲〕 | kei⁴〔奇〕 | ŋɔi⁶〔凝〕， |
| | bai⁶〔拜陽去〕 | sœy⁵〔緒〕 | kei⁴〔奇〕 | dzuŋ¹〔鍾〕 |

【解釋】

形容外表很華美，裏頭卻一團糟，虛有其表。

【例句】

1. 有些人只知道打扮，不認真學本事，結果**金玉其外，敗絮其中**，讓人看不起。

2. 接觸的時間久了，人們發現這個時髦的青年不學無術，是個**金玉其外，敗絮其中**的人。

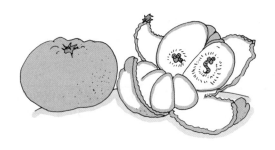

①絮：棉絮。敗絮：爛棉絮。②這條成語出自明代劉基的《賣柑者言》，原指一種柑子。這種柑子儲存很長時間後，外表仍像金玉一樣光亮，人們爭着出高價來買它，剖開一看，裏面的果肉卻像爛棉絮一般。現在用它的比喻義。

命中注定

普：	mìng	zhōng	zhù	dìng

粵：	miŋ⁶〔明陽去〕	dzuŋ¹〔鍾〕	dzy³〔著〕	diŋ⁶〔訂〕

【解釋】

命運預先已作出決定。

【例句】

1. 程文輝雙目失明，似乎是**命中注定**不能上學了，然而她以頑強的意志克服困難，最後不單能入學讀書，還能完成大學課程。

2. 朱先生不相信一生的成敗都是**命中注定**的，他最愛說的一句話是「事在人為」。

命：命運。注定：預先決定。

受寵若驚 (受宠若惊)

普： shòu   chǒng   ruò   jīng

粵： sɐu⁶〔壽〕   tsuŋ²〔蟲陰上〕   jœk⁹〔弱〕   giŋ¹〔京〕

【解釋】

由於受到意外的寵愛或賞識而感到驚喜或不安。

【例句】

1. 幾位知名的書法家也來參觀了學校舉辦的書法展覽，同學們**受寵若驚**。

2. 俊傑得知自己被導演選中擔任劇中主要角色，露出一副**受寵若驚**的樣子，向導演連聲致謝。

---

①也作「被寵若驚」。②不要把「寵」寫成「龐」，也不要把「驚」寫成「警」。

爭分奪秒 （争分夺秒）

普： zhēng　　　fēn　　　duó　　　miǎo

粵： dzeŋ¹〔僧〕　fen¹〔昏〕　dyt⁹〔杜月切〕　miu⁵〔渺〕

【解釋】

形容做事抓緊時間，不放過一分一秒。

【例句】

1. 離升學考試越來越近了，<u>艾美</u>**爭分奪秒**地複習功課，努力爭取考上理想的學校。

2. 職工們**爭分奪秒**，要在月底前把這批服裝趕製出來，及時投放市場。

爭先恐後 (爭先恐后)

普： zhēng　　xiān　　kǒng　　hòu

粵： dzɛŋ¹〔僧〕 sin¹〔仙〕 huŋ²〔孔〕 hɐu⁶〔後〕

【解釋】

爭着向前，唯恐落後。

【例句】

1. 女同學們**爭先恐後**地報名參加烹飪學會，期望能學以致用，在家裏大顯身手。

2. 為受災地區捐款捐物是一大善舉，市民們**爭先恐後**，紛紛獻出自己的一片愛心。

念念不忘

普：	niàn	niàn	bù	wàng
粵：	nim⁶〔黏陽去〕	nim⁶〔黏陽去〕	bet⁷〔筆〕	mɔŋ⁴〔亡〕

【解釋】

一直想着，不忘記。

【例句】

1. 樂奇從新界的村屋搬到離島後，仍然**念念不忘**原先的那些好朋友，和他們一直保持着聯繫。

2. 志華對畢業典禮上陳老師那番語重心長的話始終**念念不忘**，心想自己一定不能辜負老師的期望。

念念：不斷地想念着。

忿忿不平

普：	fèn	fèn	bù	píng
粵：	fen⁵〔憤〕	fen⁵〔憤〕	bɐt⁷〔筆〕	piŋ⁴〔評〕

【解釋】

認為事情不公平而非常氣憤。

【例句】

1. 對於電器行奸商的欺騙行為，顧客們**忿忿不平**，
   紛紛向香港消費者委員會投訴。

2. 智祥**忿忿不平**地說：「如果不是裁判誤判，這場球
   我們本來可以贏的。」

①也作「憤憤不平」。②忿忿：很生氣的樣子。

肺腑之言

普：	fèi	fǔ	zhī	yán

| 粵： | fɐi³〔廢〕 | fu²〔苦〕 | dzi¹〔支〕 | jin⁴〔然〕 |

【解釋】

發自內心的真誠的話。

【例句】

1. 月明這番**肺腑之言**使我很受感動，從他的話裏我體會到他對我的一片真情。

2. 兩位好朋友在分別前傾訴了各自的**肺腑之言**。

①肺腑：肺臟。比喻內心。「感人肺腑」中的「肺腑」也是這個意思。②不要把「腑」寫成「俯」。

狐假虎威

普： hú   jiǎ   hǔ   wēi

粵： wu⁴〔胡〕   ga²〔賈陰上〕   fu²〔苦〕   wēi¹〔委陰平〕

【解釋】

比喻倚仗別人的威勢來嚇唬人、欺壓人。

【例句】

1. 這種**狐假虎威**的人，誰見了都感討厭。

2. 王大成仗着有人替他撐腰，**狐假虎威**，欺壓街坊
   鄰里，真是太可惡了。

① 假：借。「假公濟私」中的「假」也是這個意思。

② 不要把這裏的「假」讀成「假日」、「休假」的「假」。

③ 這條成語源於《戰國策·楚策》中的一則寓言故事。說的是有一次狐狸被老虎抓住後，欺騙老虎說：「天帝讓我做百獸的首領，你是不能吃我的，否則就是違抗天帝的命令。你如果不相信，就跟在我後面，看看百獸見了我有沒有敢不避開逃走的。」於是老虎跟隨着狐狸，發現百獸見到狐狸果然都紛紛避走了，就對狐狸的話信以為真，卻不知道百獸其實是害怕跟在後面的老虎啊。

夜以繼日 （夜以继日）

普： yè　　　　yǐ　　　　jì　　　　rì

粵： jɛ⁶〔野陽去〕　ji⁵〔耳〕　gei³〔計〕　jɐt⁹〔逸〕

【解釋】

用夜晚的時間接上白天的時間。表示白天的時間不夠用，晚上接着做，日夜不停地做某件事情。

【例句】

1. 林標工程師為了儘早編好適用的電腦程序，**夜以繼日**地工作，眼都熬紅了。

2. 幾千民工奮力搶修東江大堤，**夜以繼日**，不眠不休，終於在洪峰到來前完成了加固工程。

以：用。

夜郎自大

普： yè　　　　láng　　　　zì　　　　dà

粵： jɛ⁶〔野陽去〕　　lɔŋ⁴〔狼〕　　dzi⁶〔字〕　　dai⁶〔帶陽去〕

【解釋】

比喻見識少而妄自尊大。

【例句】

1. 只有糾正了**夜郎自大**的毛病，才能虛心向別人學習。

2. 健明在學校裏得到棋賽冠軍，就**夜郎自大**了，他哪裏知道他的水平和真正的高手相比還差得遠呢。

①自大：原指自以為土地廣大。現在指自以為了不起。

②這條成語源於《史記‧西南夷列傳》。夜郎是漢代西南地區的一個小國，在現在貴州省的西部。夜郎國君對漢朝的情況知道得很少，一次他問漢朝的使者說：「漢朝和夜郎相比，哪個大？」其實夜郎的面積只相當於漢朝的一個州，比漢朝小多了。

刻不容緩 (刻不容缓)

普：	kè	bù	róng	huǎn
粵：	hɐk⁷〔克〕	bɐt⁷〔筆〕	juŋ⁴〔溶〕	wun⁶〔換〕

【解釋】

片刻也不容拖延。形容情勢緊迫。

【例句】

1. 發展教育，培養人才，是一件**刻不容緩**的大事。

2. 保護生態環境現在已**刻不容緩**，必須立即採取行動。

刻：古代用漏壺計時，把一晝夜分為一百刻，因此用刻表示很短的時間。「一刻千金」中的「刻」也是這個意思。
容：允許。「不容分說」、「義不容辭」中的「容」也是這個意思。緩：拖延。

並駕齊驅 （并驾齐驱）

普： bìng　　　jià　　　qí　　　qū

粵： biŋ⁶〔兵陽去〕　ga³〔嫁〕　tsɐi⁴〔妻陽平〕　kœy¹〔拘〕

【解釋】

比喻齊頭並進，不分先後。也比喻兩者地位或程度相等，不分高下。

【例句】

1. 耀強和奇德在學業上**並駕齊驅**，成績都很突出。

2. 中國氣象預報的準確率已經達到與先進國家**並駕齊驅**的水平了。

①並駕：幾匹馬並排駕着車。齊驅：一齊快跑。②不要把「駕」寫成「架」，也不要把「驅」寫成「軀」。

沾沾自喜

普： zhān　　　zhān　　　zì　　　xǐ

粵： dzim¹〔尖〕　dzim¹〔尖〕　dzi⁶〔字〕　hei²〔起〕

【解釋】

形容自滿得意而流露出喜色。

【例句】

1. 取得了一點成績就**沾沾自喜**的人，是很難有大作為的。

2. 永祥聽到周老師在表揚他，就**沾沾自喜**地對國華說：「怎麼樣，我比你強吧？」

---

①沾沾：自滿得意的輕浮樣子。②不要把「沾」寫成「玷」或「粘」。

波光水影

普： bō　　　guāng　　　shuǐ　　　yǐng

粵： bɔ¹〔玻〕　gwɔŋ¹〔廣陰平〕　sœy²〔雖陰上〕　jiŋ²〔映〕

【解釋】

水波的閃光和水中的倒影。形容河湖水面的宜人景象。

【例句】

1. 萬宜水庫**波光水影**，它是供應香港食水的主要水塘之一。

2. 連年的乾旱使這條河見了底，人們再也見不到當年**波光水影**的景象了。

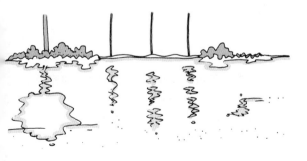

波光：水波反射出來的光。

居高臨下 (居高临下)

普： jū　　　　　gāo　　　　　lín　　　　　xià

粵： gœy¹〔舉陰平〕　gou¹〔膏〕　lɐm⁴〔林〕　ha⁶〔夏〕

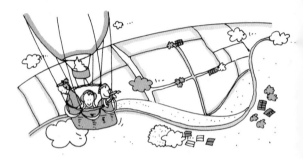

【解釋】

處於高處，俯視下方。也形容處於有利的位置。

【例句】

1. 爸爸帶我來到大廈頂部的旋轉餐廳，**居高臨下**，
   街上的景物看得一清二楚。

2. 他跟人說話，常常顯出一副**居高臨下**的姿態，好
   像自己有多麼了不起似的。

始終不渝 (始终不渝)

普： shǐ　　　zhōng　　　bù　　　yú

粵： tsi²〔齒〕　dzuŋ¹〔忠〕　bɐt⁷〔筆〕　jy⁴〔余〕

【解釋】

從始至終一直不變。一般指感情、信仰或態度。

【例句】

1. 永邦不管到了哪裏，對故鄉的深情是**始終不渝**的。

2. 市長**始終不渝**地關心、支持教育事業，被教師們譽為知音。

①渝：改變。②不要把「渝」寫成「愉」或「俞」。

孤陋寡聞 （孤陋寡闻）

普：	gū	lòu	guǎ	wén
粵：	gu¹〔姑〕	lɐu⁶〔漏〕	gwa²〔瓜陰上〕	mɐn⁴〔文〕

【解釋】

學識貧乏淺薄，見聞不廣。

【例句】

1. 他們生活在交通不便的山村裏，與外界接觸不多，難免**孤陋寡聞**。

2. 明輝不算是**孤陋寡聞**的人，但這次到各地參觀，依然感到大開眼界。

孤陋：見聞少，學識貧乏。寡：少。「沉默寡言」、「寡不敵眾」、「清心寡慾」中的「寡」也是這個意思。聞：聽。這裏指聽見、知道的事情。

若無其事 (若无其事)

普： ruò　　　　wú　　　　qí　　　　shì

粵： jœk⁹〔弱〕　　mou⁴〔毛〕　　kei⁴〔奇〕　　si⁶〔是〕

【解釋】

好像沒有那麼回事一樣。表示不把事放在心上，或遇事不動聲色，沉着鎮定。

【例句】

1. 下一個節目就輪到志強上台表演了，他卻**若無其事**地在外面跟人聊天。

2. 王警員發現幾個形跡可疑的人，便裝出**若無其事**的樣子跟在後面，暗中注視他們的行動。

故步自封

普： gù　　　　bù　　　　zì　　　　fēng

粵： gu³〔固〕　bou⁶〔部〕　dzi⁶〔字〕　fuŋ¹〔風〕

【解釋】

比喻安於現狀，不思進取。

【例句】

1. 當今世界發展很快，一個**故步自封**的人是難免要落伍的。

2. 永明的爸爸很有學問，但他從不**故步自封**，仍然不斷地學習新知識，充實自己。

①也作「固步自封」。②故步：舊日的步子，原來所走的步子。比喻自己習慣的老一套。封：限制住。自封：把自己限制在一定的範圍內。

胡思亂想 (胡思乱想)

普：	hú	sī	luàn	xiǎng
粵：	wu⁴〔狐〕	si¹〔司〕	lyn⁶〔聯陽去〕	sœŋ²〔賞〕

【解釋】

不切實際、沒有根據地瞎想。

【例句】

1. 王波看完神怪小說，腦子裏不禁**胡思亂想**起來：
   自己要是學到那些神通法力，那該有多麼了不起
   啊！

2. 我這個想法也許過於大膽，但並非**胡思亂想**，你
   們願意聽聽嗎？

> 胡：表示隨意亂來。

胡說八道 (胡说八道)

普： hú　　shuō　　bā　　dào

粵： wu⁴〔狐〕　syt⁸〔雪〕　bat⁸〔波壓切〕　dou⁶〔杜〕

【解釋】

沒有根據、沒有道理地隨意亂說、瞎說。

【例句】

1. 你根本不了解事情的真相，不要在那裏**胡說八道**。

2. 他那些話純粹是**胡說八道**，沒有人會相信的。

也作「胡說白道」。

南轅北轍 (南辕北辙)

普:	nán	yuán	běi	zhé
粵:	nam⁴〔男〕	jyn⁴〔元〕	bɐk⁷〔巴克切〕	tsit⁸〔設〕

【解釋】

本想駕車往南,車子卻在往北走。比喻行動和目的相反。

【例句】

1. 吃藥要遵照醫生的吩咐,否則很可能會**南轅北轍**。

2. 用錢物來刺激孩子讀書,其結果只怕是**南轅北轍**,這種辦法哪裏能培養出真正的優異生來呢?

①轅：車前駕牲口的兩根直木。南轅：車轅向南。表示想往南行。轍：車輪壓出的痕跡。「重蹈覆轍」、「改弦易轍」、「如出一轍」中的「轍」也是這個意思。北轍：車轍向北。表示車子實際是在往北走。② 不要把「徹」寫成「徹」。③這條成語源於《戰國策‧魏策》中的一則寓言故事。魏國有人駕車往北走，他的朋友問他到哪裏去，他說要到楚國去，又問他：「楚國在魏國南面，你為甚麼往北走？」他自誇馬好，帶的盤纏多，車夫的本領也高。但他哪裏知道，越是這樣，他離楚國也就越遠了。

相形見絀 (相形见绌)

普：	xiāng	xíng	jiàn	chù
粵：	sœŋ¹〔商〕	jiŋ⁴〔仍〕	gin³〔建〕	dzyt⁸〔拙〕

【解釋】

相比之下就顯出了不足。

【例句】

1. 小飛的畫構圖和情趣都佳，莉莉的那幅就**相形見絀**了。

2. 博達的棋藝在學校裏是首屈一指的，但在專業棋手面前，他也自感**相形見絀**。

①相：互相。形：對比。見：顯現出。絀：不夠，不足。②不要把「絀」寫成「拙」。

相依為命 (相依为命)

普： xiāng　　　yī　　　wéi　　　mìng

粵： sœŋ¹〔商〕　ji¹〔衣〕　wɐi⁴〔維〕　miŋ⁶〔明陽去〕

【解釋】

互相依靠着生活，誰也離不開誰。

【例句】

1. 這對患難夫妻**相依為命**地度過了很多艱苦的歲月。

2. 祖孫二人**相依為命**，他們之間的感情非常深厚。

不要把這裏的「相」讀成「相貌」、「真相」的「相」。也不要把這裏的「為」讀成「為甚麼」、「捨己為人」的「為」。

相親相愛 （相亲相爱）

普：	xiāng	qīn	xiāng	ài
粵：	sœŋ¹〔商〕	tsɐn¹〔陳陰平〕	sœŋ¹〔商〕	ɔi³〔哀陰去〕

【解釋】

彼此關係密切，感情深厚。

【例句】

1. 這家人**相親相愛**，日子過得很快樂。

2. 格林兄弟**相親相愛**地生活了一輩子，他們還合作編寫童話，這些童話受到世界各國小朋友的喜愛。

> ①相：互相。「相反相成」、「相輔相成」中的「相」也是這個意思。②不要把這裏的「相」讀成「相貌」、「真相」的「相」。

勃然大怒

普： bó　　rán　　dà　　　　nù

粵： but⁹〔撥〕　jin⁴〔言〕　dai⁶〔帶陽去〕　nou⁶〔奴陽去〕

【解釋】

非常生氣，連臉色都一下子改變了。

【例句】

1. 小玉把爸爸心愛的飛機模型弄壞了，惹得爸爸**勃然大怒**。

2. 山林管理員發現有人要偷偷鋸下山坡上的松樹拿回去做家具，**勃然大怒**，立刻把他們趕走了。

①勃然：因為生氣而臉色突變的樣子。②不要把「勃」寫成「脖」。

面不改色

普: miàn　　　bù　　　gǎi　　　sè

粵: min⁶〔麵〕　bɐt⁷〔筆〕　gɔi²〔該陰上〕　sik⁷〔式〕

【解釋】

臉上不改變顏色，像平時一樣。也形容遇到危難時沉着鎮定的神態。

【例句】

1. 爸爸身體很好，登上山頂仍**面不改色**，不像有些人那樣滿臉通紅，氣喘吁吁的。

2. 敵人用死亡來威脅他，但他大義凜然，**面不改色**。

面如土色

普： miàn　　rú　　tǔ　　sè

粵： min⁶〔麵〕　　jy⁴〔余〕　　tou²〔討〕　　sik⁷〔式〕

【解釋】

臉色灰白，跟土一樣。形容極其驚恐，臉上沒有一點血色。

【例句】

1. 一隻惡犬向着妹妹狂叫，嚇得她**面如土色**，連忙躲開。

2. 這些壞人發覺已被警方包圍，一個個**面如土色**。

面紅耳赤 (面紅耳赤)

普:	miàn	hóng	ěr	chì
粵:	min⁶〔麵〕	huŋ⁴〔洪〕	ji⁵〔以〕	tsɛk⁸〔尺〕

【解釋】

臉和耳朵都紅了。形容因用力過度或着急、發怒、羞愧等而漲紅了臉的樣子。

【例句】

1. 志清沒有認真複習功課，不懂回答老師提的問題，**面紅耳赤**地站在那裏，十分尷尬。

2. 他們兩人爭得**面紅耳赤**，不歡而散。

按兵不動 (按兵不动)

普： àn　　bīng　　bù　　dòng

粵： ɔn³〔案〕　biŋ¹〔冰〕　bɐt⁷〔筆〕　duŋ⁶〔洞〕

【解釋】

控制住軍隊，暫不行動。現在也指接受了某項任務後卻不行動。

【例句】

1. 諸侯的軍隊雖然看見周幽王報警的烽火，卻**按兵不動**，生怕又被他戲弄。

2. 演講比賽明天就要舉行，小華怎麼還**按兵不動**，一點準備都不做呢？

---

① 按：抑制，止住。兵：軍隊。② 不要把「按」寫成「安」。③ 這條成語原來用在軍事行動方面，現在常用來形容工作狀況。

背井離鄉 (背井离乡)

普: bèi　　　jǐng　　　lí　　　xiāng

粵: bui³〔貝〕　dziŋ²〔整〕　lei⁴〔梨〕　hœŋ¹〔香〕

【解釋】

不得已離開家鄉，到外地去謀生。

【例句】

1. 這些**背井離鄉**的人一說起自己的故鄉，總是充滿了思念。

2. 振元的舅舅**背井離鄉**外出謀生，轉眼已經五年了。

①也作「離鄉背井」、「離鄉別井」。②背：離開。井：古代的制度，相傳八家為一井。後來引申指鄉里。

背信棄義 （背信弃义）

普：	bèi	xìn	qì	yì
粵：	bui³〔貝〕	sœn³〔訊〕	hei³〔戲〕	ji⁶〔二〕

【解釋】

不講信用，背棄道義。

【例句】

1. 陳經理沒想到對方會**背信棄義**，破壞協議，一時氣得說不出話來。

2. 他這種**背信棄義**的行為遭到了大家的嚴厲斥責。

①背：違背，違反。信：信用。「言而有信」、「輕諾寡信」中的「信」也是這個意思。棄：丟棄。義：道義。「義不容辭」、「義無反顧」中的「義」也是這個意思。②不要把「義」寫成「意」。

星星之火，可以燎原

普：	xīng	xīng	zhī	huǒ,
	kě	yǐ	liáo	yuán
粵：	siŋ¹〔升〕	siŋ¹〔升〕	dzi¹〔支〕	fɔ²〔夥〕,
	hɔ²〔何陰上〕	ji⁵〔耳〕	liu⁴〔聊〕	jyn⁴〔元〕

【解釋】

一點點的小火星，可以燒遍整個原野。現在大多用於比喻有生命力的事物一開始雖然微小，但一定能迅速發展壯大起來。

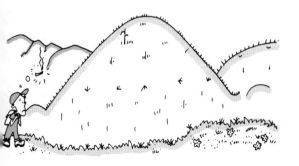

【例句】

1. **星星之火，可以燎原**。新生事物的發展是不可限量的。

2. 「**星星之火，可以燎原**」的道理，已經被無數歷史事實所證明，人們難道還會有甚麼懷疑嗎？

①也可以簡稱為「星火燎原」。②星星：形容細小。燎：延燒。③這條成語原先用於比喻小亂子可以發展成為大禍害，但在現代漢語裏一般不再使用這個意思。

星羅棋佈 （星罗棋布）

普：	xīng	luó	qí	bù
粵：	siŋ¹〔升〕	lo⁴〔蘿〕	kei⁴〔其〕	bou³〔報〕

【解釋】

像星羅列在天空中，像棋子分佈在棋盤上。形容數量多，分佈廣。

【例句】

1. 郵輪離開台灣向日本駛去，海面上**星羅棋佈**的大小島嶼不斷出現在船舷兩側。

2. 來到大慶油田，只見油井在原野中**星羅棋佈**，到處呈現出一派繁忙的生產景象。

羅：羅列。佈：分佈。

品學兼優 （品学兼优）

普：	pǐn	xué	jiān	yōu
粵：	bɐn² 〔稟〕	hɔk⁹ 〔鶴〕	gim¹ 〔檢陰平〕	jɐu¹ 〔休〕

【解釋】

品德、學識都好。現在大多用於青少年學生，指品行、學業都好。

【例句】

1. 婉美**品學兼優**，被同學們推舉擔任五年級甲班的班長。

2. 莫老師希望每個同學都把**品學兼優**作為自己努力的目標，做一個讓社會和家長放心的好學生。

品：品德，品行。兼：同時涉及或包括幾個方面。「兼收並蓄」、「德才兼備」中的「兼」也是這個意思。

咬緊牙關 (咬紧牙关)

普： yǎo　　　jǐn　　　yá　　　guān

粵： ŋau⁵〔肴陽上〕　gɐn²〔謹〕　ŋa⁴〔芽〕　gwan¹〔慣陰平〕

【解釋】

形容盡最大努力克服困難或忍受痛苦，決不動搖退縮。

【例句】

1. 登峯隊員在攀登珠穆朗瑪峯的途中，體力消耗極大，人都幾乎支持不住了，但他們**咬緊牙關**，終於成功地登上了峯頂。

2. 在足球賽中樹榮的右腿受了傷，但他**咬緊牙關**一直堅持到終場，為比賽的勝利立下了汗馬功勞。

垂頭喪氣 （垂头丧气）

普： chuí   tóu   sàng   qì

粵： sœy⁴〔誰〕   tɐu⁴〔投〕   sɔŋ³〔爽陰去〕   hei³〔器〕

【解釋】

低垂着頭，提不起精神。形容因失敗或不順利而產生的失望懊喪的神態。

【例句】

1. 嘉敏的英語成績不好，但她沒有**垂頭喪氣**，她利用空閒時間抓緊學習，進步很快。

2. 弟弟**垂頭喪氣**地對我說：「這次游泳比賽，我們又輸了。」

①喪氣：形容情緒低落，精神不振。「灰心喪氣」中的「喪氣」也是這個意思。②不要把這裏的「喪」讀成「喪事」的「喪」，也不要把「喪」寫成「傷」。

促膝談心 （促膝谈心）

普： cù　　　　xī　　　　tán　　　　xīn

粵： tsuk⁷〔速〕　sɛt⁷〔失〕　tam⁴〔譚〕　sɛm¹〔深〕

【解釋】

兩人靠近坐着談心裏話。

【例句】

1. 文輝正在和俊明**促膝談心**，交流學習的體會。

2. 運動員小徐受傷後一度情緒低落，馬教練用**促膝談心**的方法幫助他解除精神負擔，使他重又振作起來。

促膝：彼此膝蓋靠近膝蓋。形容坐得很近。

迫不及待

普： pò　　　bù　　　jí　　　dài

粵： bik⁷〔碧〕　　bɐt⁷〔筆〕　　kɐp⁹〔給陽入〕　　dɔi⁶〔代〕

【解釋】

急迫得不能再等待。

【例句】

1. 班際演講比賽結束後，同學們**迫不及待**地等候老師宣佈比賽的名次。

2. 今天爸爸答應帶<u>佳佳</u>和<u>盈盈</u>到歡樂天地去玩，剛吃過早飯，她們顯出一副**迫不及待**的樣子，催着爸爸早點出發。

①迫：急迫。不及：來不及。待：等待。 ②不要把「及」寫成「急」，也不要把「待」寫成「侍」。

迫不得已

普：	pò	bù	dé	yǐ
粵：	bik⁷〔碧〕	bɐt⁷〔筆〕	dɐk⁷〔德〕	ji⁵〔以〕

【解釋】

被情勢所迫，不得不採取這樣的行動。

【例句】

1. 那年他由於家境日窘，**迫不得已**只好停學了。

2. 阿林所以要出售這件古董，實在有他**迫不得已**的原因，他正急需一筆錢來為母親治病。

①迫：逼迫。不得已：不能不如此。②不要把「已」寫成「己」或「巳」。

後生可畏 (后生可畏)

普： hòu　　　shēng　　　kě　　　wèi

粵： hɐu⁶〔后〕　sɐŋ¹〔甥〕　hɔ²〔何陰上〕　wɐi³〔慰〕

【解釋】

指青年人可以超過他們的前輩，是值得欽佩的。

【例句】

1. 在榮獲發明獎的人中，青年佔了相當大的比例，這再一次說明**後生可畏**的道理。

2. 這位十來歲的少年戰勝各國名將，奪得本屆國際跳水錦標賽冠軍，真是**後生可畏**啊！

後生：青年人，後輩。 畏：佩服。

後悔無及 （后悔无及）

普： hòu　　　huǐ　　　wú　　　jí

粵： hɐu⁶〔后〕　fui³〔誨〕　mou⁴〔毛〕　kɐp⁹〔給陽入〕

【解釋】

後悔也來不及了。

【例句】

1. 志民當時正是氣上心頭，說話沒有分寸，刺傷了
   秀芳的心，冷靜下來一想，**後悔無及**。

2. 使他感到**後悔無及**的是年輕時沒有認真讀書，虛
   度了光陰，現在再來彌補已晚了。

> ①也作「後悔莫及」、「悔之無及」。　②後悔：事後懊
> 悔。無及：來不及。

風土人情 （风土人情）

普： fēng　　　tǔ　　　　rén　　　　qíng

粵： fuŋ¹〔封〕　tou²〔討〕　jen⁴〔仁〕　tsiŋ⁴〔晴〕

【解釋】

指某地特有的自然環境和風俗習慣。

【例句】

1. 通過外出旅遊我對各地不同的**風土人情**有了真切的感受。

2. 電視裏反映各國**風土人情**的節目，是<u>偉才</u>最喜歡看的。

風土：一個地方特有的自然環境和風俗習慣的總稱。人情：指人與人交往中禮節應酬等習俗。

風吹雨打 (风吹雨打)

普： fēng   chuī   yǔ   dǎ

粵： fuŋ¹〔封〕   tsœy¹〔催〕   jy⁵〔語〕   da²〔多啞切〕

【解釋】

形容風雨對花木的摧殘，或對建築物等的侵蝕、衝擊。有時也用來比喻人在艱苦的環境裏經受鍛煉或考驗。

【例句】

1. 這些嬌嫩的花朵經不住**風吹雨打**，紛紛飄落在地。

2. 年輕人受點**風吹雨打**，對培養他們健全的性格是有好處的。

風馳電掣 （风驰电掣）

普：	fēng	chí	diàn	chè
粵：	fuŋ¹〔封〕	tsi⁴〔池〕	din⁶〔殿〕	dzɐi³〔制〕

【解釋】

像颶風和閃電那樣，速度極快。

【例句】

1. 鐵騎士在馬路上**風馳電掣**地行駛，其實是十分危險的。

2. 賽馬場上，2號馬**風馳電掣**，在觀眾如雷的歡呼聲中領先到達終點。

①馳：快跑。掣：飛快地閃過。 ②不要把「掣」寫成「製」。

風調雨順 （风调雨顺）

普： fēng　　　tiáo　　　yǔ　　　shùn

粵： fuŋ¹〔封〕　tiu⁴〔條〕　jy⁵〔語〕　sœn⁶〔純陽去〕

【解釋】

風雨及時適宜，合乎農業生產的需要。

【例句】

1. 今年**風調雨順**，農村裏傳來了豐收的喜訊。

2. 遇上**風調雨順**的年景，這種新品種水稻每畝產量可以超過一千斤，而且米質好，很有推廣價值。

①調：配合得均勻適宜。順：適合。②不要把這裏的「調」讀成「調兵遣將」的「調」。

急公好義 （急公好义）

普：	jí	gōng	hào	yì
粵：	gɐp⁷〔基泣切〕	guŋ¹〔工〕	hou³〔耗〕	ji⁶〔二〕

【解釋】

只要是對大家有益的事或合乎正義的事就積極熱心去做。

【例句】

1. 觀射老伯**急公好義**，在當地是有口皆碑的。

2. 報上登載了僑胞李先生**急公好義**，捐資幫助家鄉辦學的消息，讀了很使人感動。

①急：趕緊幫助。公：指對大家有益的事。好：喜愛。此指愛做。義：指合乎正義的事。②不要把這裏的「好」讀成「好像」、「美好」的「好」。

恍然大悟

普： huǎng　　rán　　dà　　wù

粵： foŋ²〔訪〕　jin⁴〔言〕　dai⁶〔帶陽去〕　ŋ⁶〔誤〕

【解釋】

一下子完全明白了。

【例句】

1. 私人信件和公函的寫法有甚麼不同？聽了爸爸的解釋，聰聰恍然大悟。

2. 讀了《種子的旅行》這篇課文，偉國恍然大悟地說：「原來種子有這麼多不同的傳播方法啊！」

①恍然：形容忽然醒悟。悟：醒悟，明白。②不要把「恍」寫成「光」或「晃」。

美不勝收 （美不胜收）

普： měi   bù   shèng   shōu

粵： mei⁵〔尾〕   bɐt⁷〔筆〕   siŋ¹〔升〕   sɐu¹〔修〕

【解釋】

美好的東西太多，一時欣賞不完。

【例句】

1. 在桂林漓江上泛舟，兩岸景物**美不勝收**，就像到了仙境一般。

2. 中國工藝美術館寬敞的展廳裏佈滿了巧奪天工的工藝品，令人有**美不勝收**之感。

> 勝：盡。「不可勝數」、「舉不勝舉」中的「勝」也是這個意思。收：接受。

美輪美奐 (美轮美奂)

普：	měi	lún	měi	huàn
粵：	mei⁵〔尾〕	lœn⁴〔倫〕	mei⁵〔尾〕	wun⁶〔換〕

【解釋】

形容建築物等高大華麗。

【例句】

1. 羅馬有幾座**美輪美奐**的大教堂，舉世聞名。

2. 當年圓明園的各類建築物無不造得**美輪美奐**，可惜被侵略者的一把大火燒光了，如今只留下一些殘跡供人憑弔。

不要把「奐」寫成「換」。

前仆後繼 （前仆后继）

普： qián　　　　pū　　　　hòu　　　　jì

粵： tsin⁴〔錢〕　fu⁶〔父〕　hɐu⁶〔后〕　gɐi³〔計〕

【解釋】

前面的倒下了，後面的繼續跟上去。形容不怕犧牲，奮勇向前。

【例句】

1. 我們的先烈在爭取民族解放的鬥爭中**前仆後繼**，留下許多可歌可泣的動人事跡。

2. 為了保護人的健康，血液中的白血球**前仆後繼**地跟入侵的細菌作戰。

---

① 仆：向前倒下。② 不要把「仆」寫成或讀成「僕」或「撲」。

前因後果 (前因后果)

普： qián   yīn   hòu   guǒ

粵： tsin⁴〔錢〕   jɐn¹〔恩〕   hɐu⁶〔后〕   gwɔ²〔裹〕

【解釋】

事情的起因和結果。

【例句】

1. 事情的**前因後果**裕榮最清楚，讓他來向大家說說。

2. 這篇文章據實地介紹了事件的**前因後果**，我讀後才發現過去的傳聞是不可靠的。

為非作歹 (为非作歹)

普：	wéi	fēi	zuò	dǎi
粵：	wɐi⁴〔維〕	fei¹〔飛〕	dzɔk⁸〔昨中入〕	dai²〔帶陰上〕

【解釋】

做各種壞事。

【例句】

1. 這伙人**為非作歹**，橫行鄉里，百姓恨透了他們。

2. 那兩個**為非作歹**的流氓受到了法律的制裁，人們無不拍手稱快。

①為：做。「見義勇為」、「事在人為」的「為」也是這個意思。非：錯誤，不對。這裏指錯事。歹：指壞事。②不要把這裏的「為」讀成「為甚麼」、「捨己為人」的「為」。③不要把「歹」寫成「夕」。

為善最樂 (为善最乐)

普： wéi　　　　shàn　　　　zuì　　　　lè

粵： wɐi⁴〔維〕　sin⁶〔羨〕　dzœy³〔醉〕　lɔk⁹〔落〕

【解釋】

做好事是最快樂的。

【例句】

1. 為慈善事業四出募捐雖然辛苦，但**為善最樂**，很多人也願參與。

2. 爸爸向<u>聰聰</u>和<u>明明</u>講了**為善最樂**的道理，鼓勵他們努力去幫助不幸的人。

> 為：做。善：慈善的事。樂：快樂。

活蹦亂跳 (活蹦乱跳)

普： huó　　　　bèng　　　　luàn　　　　tiào

粵： wut⁹〔胡沒切〕　beŋ¹〔崩〕　lyn⁶〔聯陽去〕　tiu³〔眺〕

【解釋】

活潑地又蹦又跳。形容健康、活潑，生氣勃勃的樣子。

【例句】

1. 爸爸釣上了一條**活蹦亂跳**的大魚，<u>小明</u>高興得叫了起來。

2. 興兒平日總是**活蹦亂跳**的，今天闖了禍，受到媽媽的責備，便再也沒有原光的勁頭了。

①也作「歡蹦亂跳」。②亂：隨意，不受拘束。

津津有味

普: jīn   jīn   yǒu   wèi

粵: dzœn¹〔樽〕   dzœn¹〔樽〕   jɐu⁵〔友〕   mei⁶〔未〕

【解釋】

形容很有滋味或很有興趣。

【例句】

1. 他們因為餓極了，吃甚麼也吃得**津津有味**。

2. 大仁從圖書館借到一本名人傳記，**津津有味**地讀了起來。

津津：形容很有滋味或很有興趣的樣子。「津津樂道」中的「津津」也是這個意思，指很有興趣地談論着。

突如其來 (突如其来)

普: tū   rú   qí   lái

粵: dɐt⁹〔凸〕   jy⁴〔余〕   kei⁴〔奇〕   lɔi⁴〔萊〕

【解釋】

突然來到或發生。

【例句】

1. 旅居海外的兒子明天即回港，這**突如其來**的消息使老太太整夜難眠。

2. 他對這件事情態度上的改變並非**突如其來**，某些先兆我們早已察覺了。

突如：突然，出乎意料。

突飛猛進 (突飞猛进)

普： tū   fēi   měng   jìn

粵： dɐt⁹〔凸〕   fei¹〔非〕   maŋ⁵〔蜢〕   dzœn³〔俊〕

【解釋】

進步、發展非常迅速。大多用於形容學問、事業等。

【例句】

1. 裕民經過一年的努力，學習成績**突飛猛進**，全家
   人都為他感到高興。

2. 這些年來高科技事業有了**突飛猛進**的發展，高科
   技園區在各地相繼建立。

突：急速。

穿山越嶺 （穿山越岭）

普： chuān　　　shān　　　yuè　　　lǐng

粵： tsyn¹〔川〕　san¹〔珊〕　jyt⁹〔月〕　liŋ⁵〔領〕

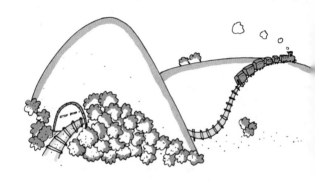

【解釋】

翻過山嶺。形容行路艱辛。

【例句】

1. 王警長率領兩名警員，**穿山越嶺**追捕逃犯。

2. 連日來**穿山越嶺**，民安隊每個隊員都感到異常疲累。

> 也作「翻山越嶺」。

神采奕奕

普：	shén	cǎi	yì	yì
粵：	sɐn⁴〔晨〕	tsɔi²〔彩〕	jik⁹〔亦〕	jik⁹〔亦〕

【解釋】

形容精神飽滿，容光煥發。

【例句】

1. 馬校長**神采奕奕**地主持今天的畢業典禮。

2. 這是爸爸年青時的照片，看他**神采奕奕**，充滿朝氣。

①神采：人顯現在臉上的神氣、光采。奕奕：精神煥發的樣子。 ②不要把這裏的「采」寫成「彩」，或把「奕」寫成「弈」。

神氣活現 (神气活现)

普： shén　　　qì　　　　huó　　　　xiàn

粵： sɐn⁴〔晨〕　　hei³〔器〕　　wut⁹〔胡沒切〕　　jin⁶〔彥〕

【解釋】

形容十分得意或傲慢的樣子。又可形容繪形繪聲，好像真的一樣。

【例句】

1. 家傑考試得了一百分，在妹妹面前顯出了**神氣活現**的樣子，爸爸知道後告誡家傑，驕傲會使人落後的。

2. 翠微的畫技出神入化，能把青蛙**神氣活現**地繪畫出來。

神氣：指得意或傲慢的神情。活現：逼真地顯現出來。

眉開眼笑 （眉开眼笑）

普: méi　　　kāi　　　　yǎn　　　　xiào

粵: mei⁴〔微〕　hɔi¹〔海陰平〕　ŋan⁵〔顏陽上〕　siu³〔嘯〕

【解釋】

形容滿臉喜悅的神情，非常高興。

【例句】

1. 妹妹見爸爸買了她盼望已久的音樂盒回來，**眉開眼笑**，立刻搶着玩了。

2. 陳子健手捧獎狀，**眉開眼笑**地朝我們走來。

怒氣衝天 (怒气冲天)

普: nù   qì   chōng tiān

粵: nou⁶〔奴陽去〕 hei³〔器〕 tsuŋ¹〔充〕 tin¹〔田陰平〕

【解釋】

形容非常憤怒。

【例句】

1. 得知弟弟遭人誣陷，建東**怒氣衝天**，決心要去討回公道來。

2. 戴校長**怒氣衝天**地來到警署，報告了學生受街頭不良分子滋擾的事。

衝天：這裏形容情緒十分強烈。

飛禽走獸 （飞禽走兽）

普：	fēi	qín	zǒu	shòu
粵：	fei¹〔非〕	kɐm⁴〔琴〕	dzɐu²〔酒〕	sɐu³〔瘦〕

【解釋】

飛翔的鳥，奔跑的獸。泛指各種鳥獸。

【例句】

1. 在這片原始森林裏究竟生活着多少種**飛禽走獸**，
   至今還沒有人認真調查過。

2. 在老畫家的筆下，所有**飛禽走獸**都生動逼真。

走：跑。「走馬看花」中的「走」也是這個意思。

勇往直前

普： yǒng　　　wǎng　　　zhí　　　qián

粵： juŋ⁵〔容陽上〕　woŋ⁵〔王陽上〕　dzik⁹〔席〕　tsin⁴〔錢〕

【解釋】

勇敢地一直向前。

【例句】

1. 爸爸鼓勵我們要有**勇往直前**的氣概，不要一遇困
   難就退縮。

2. 他在新科技研究的道路上**勇往直前**，至今已有多
   項研究成果問世。

不要把「勇」寫成「永」。

馬不停蹄 (马不停蹄)

普： mǎ   bù   tíng   tí

粵： ma⁵〔碼〕   bɐt⁷〔筆〕   tiŋ⁴〔庭〕   tɐi⁴〔提〕

【解釋】

比喻一刻不停地行進，沒有間歇地連續行動。

【例句】

1. 我**馬不停蹄**地趕路，終於在黃昏時追上了先前出發的隊伍。

2. 這幾位歐洲商人在廣州參加完商品交易會後，又**馬不停蹄**，到上海浦東新區洽談合作項目。

栩栩如生

普：	xǔ	xǔ	rú	shēng
粵：	hœy²〔許〕	hœy²〔許〕	jy⁴〔余〕	sɐŋ¹〔甥〕

【解釋】

形容藝術形象生動逼真，像活的一樣。

【例句】

1. 著名古典小說《水滸傳》塑造了許多**栩栩如生**的人物形象，像<u>李逵</u>、<u>武松</u>、<u>魯智深</u>等，都是讀者十分熟悉的。

2. <u>吳</u>先生把金魚畫得**栩栩如生**，每一條都鮮蹦活跳。

①栩栩：形容生動逼真的樣子。②不要把「栩」寫成或讀成「羽」。

破釜沉舟

普： pò　　　　fǔ　　　　chén　　　　zhōu

粵： pɔ³〔婆陰去〕　fu²〔苦〕　tsɐm⁴〔尋〕　dzɐu¹〔周〕

【解釋】

比喻下定決心，有進無退，要不顧一切幹到底。

【例句】

1. 在這局棋中，<u>陳家樂</u>下了**破釜沉舟**的決心，終於 扭轉劣勢，反敗為勝。

2. <u>崇仁藥廠</u>**破釜沉舟**，不惜投入巨額資金來試製這 種新藥。

> ①釜：相當於現在的鍋。②這條成語源於《史記‧項羽本 紀》。項羽率軍渡河與秦軍作戰。過河以後，他命令把做 飯的鍋打破，把船弄沉，只帶三天的乾糧，表示如果不 能打勝，就不再活着回來。

原原本本

普： yuán   yuán   běn   běn

粵： jyn⁴〔元〕   jyn⁴〔元〕   bun²〔般陰上〕   bun²〔般陰上〕

【解釋】

指從頭到尾如實地敍述。

【例句】

1. 志強把昨天發生的那件事的經過**原原本本**向我說了一遍。

2. 證人在法庭上就他所見到的情景**原原本本**地陳述過來。

也作「元元本本」、「源源本本」。

殊途同歸 (殊途同归)

普： shū　　　　tú　　　　　tóng　　　　guī

粵： sy⁴〔薯〕　　tou⁴〔逃〕　　tuŋ⁴〔銅〕　　gwɐi¹〔龜〕

【解釋】

從不同的道路走到同一目的地。也比喻採取不同的方法而得到相同的結果。

【例句】

1. 他們雖然畢業於不同的大學，卻都**殊途同歸**地選擇了教師作為自己的職業。

2. 用這三種方法解這道數學題，**殊途同歸**，都能得出正確的答案。

殊途：不同的道路。歸：集中到一個地方。

挺身而出

普： tǐng　　shēn　　ér　　chū

粵： tiŋ⁵〔鋌〕　sɐn¹〔辛〕　ji⁴〔兒〕　tsœt⁷〔齣〕

【解釋】

勇敢地出來擔當困難、艱險或需要承擔責任的事。

【例句】

1. 博揚發現有人偷砍公園裏的樹木，便**挺身而出**，上前制止。

2. 崔律師**挺身而出**為受害者伸張正義的事，已在法律界傳為美談。

> 挺身：挺直身子。表示不退縮，勇於承當。

哭笑不得

普: kū　　　　xiào　　　　bù　　　　dé

粵: huk⁷〔酷陰入〕　siu³〔嘯〕　bɐt⁷〔筆〕　dɐk⁷〔德〕

【解釋】

哭也不是，笑也不是。形容既難受又覺得可笑的複雜
感情。

【例句】

1. 有些電視歷史劇胡編亂造，脫離事實，讓人看得
   哭笑不得。

2. 賈文不懂裝懂地在那裏高談闊論，內行人聽了**哭
   笑不得**。

不得：不能。

恩深義重 （恩深义重）

普： ēn　　　shēn　　　yì　　　zhòng

粵： jen¹〔因〕　sɐm¹〔心〕　ji⁶〔二〕　tsuŋ⁵〔蟲陽上〕

【解釋】

恩德和情義深重。

【例句】

1. 陳老伯對我們**恩深義重**，我們真不知如何報答才好。

2. 彭校長資助家明出國深造，**恩深義重**，家明時刻銘記在心。

①義：情義。②不要把「義」寫成「意」。

豈有此理 （岂有此理）

普： qǐ　　　yǒu　　　cǐ　　　lǐ

粵： hei²〔起〕　jeu⁵〔友〕　tsi²〔始〕　lei⁵〔里〕

【解釋】

哪有這個道埋（對認為个合埋的事表示氣憤）。

【例句】

1. 有些缺乏公德心的人竟把垃圾倒進河裏，真是**豈有此理**。

2. 馮先生是個極富正義感的人，見到這種**豈有此理**的事，自然不會袖手旁觀。

豈：表示反問的副詞，意思相當於「哪裏」、「難道」。

氣宇軒昂 (气宇轩昂)

普： qì　　　　yǔ　　　　xuān　　　　áng

粵： hei³〔器〕　jy⁵〔羽〕　hin¹〔牽〕　ŋɔŋ⁴〔俄杭切〕

【解釋】

形容人精神飽滿，氣度不凡。

【例句】

1. 陳老師**氣宇軒昂**，講課出色，很受同學們的尊敬。

2. **氣宇軒昂**的國旗護衛隊隊員，邁着整齊有力的步伐，列隊進入廣場，舉行升旗儀式。

氣宇：人的氣概，氣度。軒昂：精神飽滿、氣度不凡的樣子。

氣急敗壞 (气急败坏)

普： qì　　　jí　　　　　bài　　　　huài

粵： hei³〔器〕　gɐp⁷〔基泣切〕　bai⁶〔拜陽去〕　wai⁶〔懷陽去〕

【解釋】

形容人十分慌亂或惱怒，上氣不接下氣，失去了常態。

【例句】

1. 小貝**氣急敗壞**地跑進屋來對媽媽說：「不好了！花貓把廚房裏的魚偷吃了！」

2. 他見別人拆穿了自己的鬼把戲，就**氣急敗壞**，老羞成怒起來。

氣勢洶洶 （气势汹汹）

普： qì　　　　shì　　　　xiōng　　　　xiōng

粵： hei³〔器〕　　sɐi³〔世〕　　huŋ¹〔空〕　　huŋ¹〔空〕

【解釋】

形容氣勢很兇猛。

【例句】

1. 這幾個闖進來的人**氣勢洶洶**，不懷好意，屋裏的人不由得提高警覺。

2. 獅子**氣勢洶洶**地向克求里斯撲來，不料撲了一個空。

不要把「洶」寫成「匈」或「兇」。

乘風破浪 (乘风破浪)

普:	chéng	fēng	pò	làng
粵:	siŋ⁴〔成〕	fuŋ¹〔封〕	pɔ³〔婆陰去〕	lɔŋ⁶〔晾〕

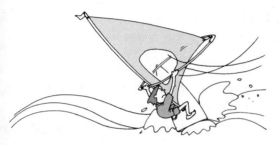

【解釋】

航船乘着風勢衝破波浪，向前行駛。也比喻志向遠大，不怕困難，勇往直前。

【例句】

1. 萬噸巨輪在滔滔的海面上**乘風破浪**地駛向前方。

2. 黃校長希望每位畢業生在今後的工作中**乘風破浪**，都能有出色的表現。

這條成語源於《宋書·宗慤傳》的一則記載。南朝宋時有一位少年叫宗慤 (音確)，他的叔父問他的志向，他說：「願乘長風破萬里浪。」用比喻的說法表達出非凡的志向，很受人讚賞。

息息相關 (息息相关)

普：	xī	xī	xiāng	guān

| 粵： | sik⁷〔色〕 | sik⁷〔色〕 | sœŋ¹〔商〕 | gwan¹〔慣陰平〕 |

【解釋】

呼吸相關連。比喻關係非常密切。

【例句】

1. 為了把和市民**息息相關**的食水供應問題解決好，<u>香港</u>政府作了很大的努力。

2. 生態環境和社會上每一個人的生活**息息相關**，應該受到關注。

息：指呼吸時進出的氣。

鬼鬼祟祟

普： guǐ   guǐ   suì   suì

粵： gwɐi²〔軌〕   gwɐi²〔軌〕   sœy⁶〔睡〕   sœy⁶〔睡〕

【解釋】

形容行動不光明正大，偷偷摸摸的樣子。

【例句】

1. 史達見到兩個**鬼鬼祟祟**的人不時在大廈門口探頭探腦，便立即去向大廈管理員報告。

2. 他一到晚上就**鬼鬼祟祟**地出門去，十分神祕。

---

①祟：原指鬼怪。這裏用於形容行動偷偷摸摸。②不要把「祟」寫成或讀成「崇」。

徒勞無功 （徒劳无功）

普： tú　　　　láo　　　　wú　　　　gōng

粵： tou⁴〔圖〕　lou⁴〔盧〕　mou⁴〔毛〕　guŋ¹〔工〕

【解釋】

白費力氣，沒有成效。

【例句】

1. 有些樹木不適合在這類乾旱地區生長，即使種下去，也是**徒勞無功**的。

2. 亞生是個聰明人，他才不會去做那種**徒勞無功**的事呢。

徒：白白地，沒有效果地。勞：指花費氣力做某件事。「徒勞往返」中的「徒」、「勞」也是這個意思。功：成效。

針鋒相對 (针锋相对)

普： zhēn　　　fēng　　　xiāng　　　duì

粵： dzɐm¹〔箴〕　fuŋ¹〔風〕　sœŋ¹〔商〕　dœy³〔兌〕

【解釋】

針尖對針尖。比喻雙方策略、論點等尖銳對立。也比喻針對對方的言論、行動進行相應的回擊。

【例句】

1. 臺上正在進行**針鋒相對**的辯論，雙方精彩的發言不時引發出聽眾席上陣陣熱烈的掌聲。

2. 對於對方的誣告，我們必須**針鋒相對**地予以回擊，以正視聽。

胸有成竹

普： xiōng　　　yǒu　　　chéng　　　zhú

粵： huŋ¹〔空〕　　jɐu⁵〔友〕　　siŋ⁴〔乘〕　　dzuk⁷〔足〕

【解釋】

原指在畫竹之前心裏已經有了一幅竹子的形象（這樣畫起來自然能得心應手）。比喻做事之前對事情已有全盤的考慮和安排。有時也用於表示由於心中早有準備，因而態度從容鎮定，顯出很有把握的樣子。

【例句】

1. 安西教練對籃球隊如何打入四強表現得**胸有成竹**，大家都對他充滿信心。

2. 高定平**胸有成竹**地回答了代表們對她所提方案的質詢，消除了大家的疑慮。

①也作「成竹在胸」。②成竹：既成的竹子形象。③這條成語源於宋代晁（音潮）補之的一首詩：「與可畫竹時，胸中有成竹。」與可是宋代著名畫家文同的字，他擅長畫墨竹。

病從口入 (病从口入)

普：	bìng	cóng	kǒu	rù

粵： bɛŋ⁶〔鼻鄭切〕 tsuŋ⁴〔蟲〕 hɐu²〔侯陰上〕 jɐp⁹〔泣陽入〕

【解釋】

疾病常常是因吃的東西不適當或不乾淨而引起的。

【例句】

1. 俗話說：「**病從口入。**」所以我們吃東西一定要當心，絕不能吃腐爛了和不乾淨的食物。

2. 小敏忘了媽媽所教**病從口入**的道理，貪嘴亂吃東西，把肚子吃壞了。

粉身碎骨

普： fěn　　　　shēn　　　　suì　　　　gǔ

粵： fen²〔分陰上〕　sen¹〔辛〕　sœy³〔歲〕　gwet⁷〔橘〕

【解釋】

指身體粉碎而死。也表示為了某種目的而犧牲性命。

【例句】

1. 這些入侵者踩上了地雷，被炸得**粉身碎骨**。

2. 為了探明祖國的礦藏，哪怕**粉身碎骨**，我們也在所不辭。

迷途知返

普： mí　　　　tú　　　　zhī　　　　fǎn

粵： mɐi⁴〔謎〕　tou⁴〔逃〕　dzi¹〔支〕　fan²〔反〕

【解釋】

比喻發覺自己犯了錯誤後，知道改正。

【例句】

1. 曉明偷了文具店的鑰匙扣後**迷途知返**，主動把扣子送還，並向店主認錯。

2. 對於**迷途知返**的青年，我們應該給予鼓勵和幫助。

①迷途：迷失道路。返：返回。②這條成語的原意是迷失道路後知道回到正路上來，現在用它的比喻義。

逆水行舟，不進則退

（逆水行舟，不进则退）

普：	nì	shuǐ	xíng	zhōu,
	bù	jìn	zé	tuì
粵：	jik⁹〔亦〕	sœy²〔雖陰上〕	hɐŋ⁴〔恆〕	dzɐu¹〔周〕,
	bɐt⁷〔筆〕	dzœn³〔俊〕	dzɐk⁷〔側〕	tœy³〔蛻〕

【解釋】

逆着水流方向行船，如果不努力使船前進，船就會被水流衝得朝後退去。比喻學習或做事不努力向前就要倒退。

【例句】

1. 學習如**逆水行舟，不進則退**，我們可不能鬆勁啊！

2. 這些研究人員深知「**逆水行舟，不進則退**」的道理，鑽研十分刻苦，遇到困難從不退縮，終於使他們的研究水平一直保持着領先地位。

逆水：船行駛的方向和水流的方向相反。

浩如煙海 (浩如烟海)

普： hào　　　　rú　　　　yān　　　　hǎi

粵： hou⁶〔號〕　jy⁴〔余〕　jin¹〔胭〕　hɔi²〔凱〕

【解釋】

數量多得像是煙霧瀰漫的大海。形容圖書或文獻資料等數量繁多，極其豐富。

【例句】

1. **浩如煙海**的古今圖書，是人類知識的寶藏。

2. 檔案館裏各類檔案資料**浩如煙海**，其中有許多尚未得到很好的利用。

浩：多。

海闊天空 (海阔天空)

普：　hǎi　　　kuò　　　　tiān　　　　kōng

粵：　hɔi²〔凱〕　fut⁸〔呼括切〕　tin¹〔田 陰平〕　huŋ¹〔凶〕

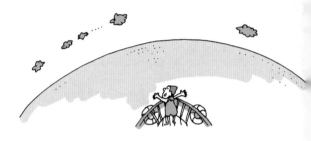

【解釋】

大海遼闊，天宇高曠。原形容大自然的廣闊景象。現在多比喻說話或想像毫無拘束，漫無邊際。

【例句】

1. 為了排遣乘車途中的寂寞，乘客們**海闊天空**地閒聊起來，講了不少趣事。

2. 這些兒童畫表現了孩子們**海闊天空**的想像，生動極了。

> 天空：指天宇高曠空闊。不要把它理解為地面上方的高空。

家破人亡

普：	jiā	pò	rén	wáng
粵：	ga¹〔加〕	pɔ³〔婆陰去〕	jen⁴〔仁〕	mɔŋ⁴〔忙〕

【解釋】

家庭遭到破壞，人也死了。

【例句】

1. 讀過《水滸傳》的人都知道，當時許多好漢被貪官污吏逼得**家破人亡**，不得不起來反抗，故有所謂「逼上<u>梁山</u>」這句話。

2. 軍閥的連年混戰使百姓**家破人亡**，僥倖活着的人被迫四處流浪。

家家戶戶

普：	jiā	jiā	hù	hù
粵：	ga¹〔加〕	ga¹〔加〕	wu⁶〔互〕	wu⁶〔互〕

【解釋】

每一戶人家。

【例句】

1. 中秋節那天，**家家戶戶**都要準備月餅，取的是「人月兩團圓」的意思。

2. 過年的時候我回到家鄉農村，只見**家家戶戶**的門上都貼着大紅春聯，一片喜慶氣氛。

家喻戶曉 （家喻户晓）

普： jiā　　　yù　　　hù　　　xiǎo

粵： ga¹〔加〕　jy⁶〔遇〕　wu⁶〔互〕　hiu²〔囂陰上〕

【解釋】

家家戶戶都知道。

【例句】

1. 我們要把節約用水的道理宣傳得**家喻戶曉**，讓每位市民都珍惜用水。

2. 李先生在當地是位**家喻戶曉**的人物，他為家鄉建設作過很多貢獻。

喻：了解。曉：曉得，知道。

家學淵源 (家学渊源)

普：	jiā	xué	yuān	yuán
粵：	ga¹〔加〕	hɔk⁹〔鶴〕	jyn¹〔冤〕	jyn⁴〔元〕

【解釋】

學問來自家族世代相傳，根源很深。

【例句】

1. 施學津年紀輕輕就能在中醫界嶄露頭角，不能不說是得益於**家學淵源**。

2. 周博士雖非**家學淵源**，但憑着自己不懈的努力，終於在學術上獲得傑出的成就。

---

①家學：家傳的學問。淵源：水的源頭。比喻事情的本源。②不要把「淵源」寫成「源遠」。

容光煥發 （容光焕发）

普： róng　　guāng　　　huàn　　　fā

粵： juŋ⁴〔溶〕　gwɔŋ¹〔廣陰平〕　wun⁶〔換〕　fat⁸〔法〕

【解釋】

臉上發出光彩。形容精神飽滿、振奮。

【例句】

1. 科學家們從北戴河休養歸來，**容光煥發**，人都似乎顯得年輕了。

2. 陳一新同學**容光煥發**地登上主席台，從校長手中捧回優勝獎杯。

①容光：臉上的光彩。煥發：形容光彩四射。②不要把「煥」寫成「換」。

冥頑不靈 (冥顽不灵)

普：	míng	wán	bù	líng
粵：	min⁴〔名〕	wan⁴〔還〕	bɐt⁷〔筆〕	liŋ⁴〔玲〕

【解釋】

糊塗愚昧，不明事理。

【例句】

1. 這個人**冥頑不靈**，我們幾次提醒他那樣做是行不通的，他就是不聽。

2. 對於**冥頑不靈**，無視警告而繼續為非作歹的人，警方是不會放過他們的。

①冥頑：糊塗愚昧。靈：聰敏。②不要把「頑」寫成「玩」。

紋風不動 （纹风不动）

普：	wén	fēng	bù	dòng
粵：	mɐn⁴〔文〕	fuŋ¹〔封〕	bɐt⁷〔筆〕	duŋ⁶〔洞〕

【解釋】

保持原樣，一點也不動。

【例句】

1. 護衛國旗的戰士**紋風不動**地站在旗杆下，威武莊嚴，令人起敬。

2. 這座石橋已經有幾百年歷史了，飽受過無數次洪水的衝擊，卻依然**紋風不動**。

> 也作「文風不動」、「紋絲不動」。

理直氣壯 (理直气壮)

普： lǐ　　　　zhí　　　　qì　　　　zhuàng

粵： lei⁵〔里〕　dzik⁹〔席〕　hei³〔器〕　dzœŋ³〔葬〕

【解釋】

理由正確充分，說話很有氣勢。

【例句】

1. 我既沒有做錯，對那些無端的指責自然要**理直氣壯**地予以駁斥。

2. 劉先生的話**理直氣壯**，說得對方無言以對。

直：公正，正確。壯：旺盛。

莫名其妙

普： mò　　　míng　　　qí　　　miào

粵： mɔk⁹〔漠〕　miŋ⁴〔明〕　kei⁴〔奇〕　miu⁶〔廟〕

【解釋】

原指不能說清其中的奧妙。現多表示事情很奇怪，或說話的人表達不清，使人弄不明白。

【例句】

1. 偉民問利羣：「你有甚麼事瞞着我？」利羣**莫名其妙**，不知道偉民指的是甚麼。

2. 淑芳看書時突然**莫名其妙**地歡叫起來，媽媽楞住了，滿心疑惑。

---

①也作「莫明其妙」。明：明白。②莫：沒有誰。名：說出。「不可名狀」、「感激莫名」中的「名」也是這個意思。妙：奧妙。

莫逆之交

普： mò　　　　nì　　　　zhī　　　　jiāo

粵： mɔk⁹〔漠〕　jik⁹〔亦〕　dzi¹〔支〕　gau¹〔郊〕

【解釋】

指彼此情投意合，非常要好的朋友。

【例句】

1. 我和董先生是**莫逆之交**，無話不談，他的心事我
   很清楚。

2. 他們兩人相識不過三年，由於志同道合，很快就
   成了**莫逆之交**。

---

①與「刎頸之交」同義。②莫逆：沒有抵觸。形容彼此情
投意合。交：交情。此指朋友。

斬釘截鐵 (斬釘截铁)

普：	zhǎn	dīng	jié	tiě
粵：	dzam²〔站陰上〕	diŋ¹〔丁〕	dzit⁹〔捷〕	tit⁸〔提歇切〕

【解釋】

形容說話做事果斷堅決，毫不含糊。

【例句】

1. 候選議員**斬釘截鐵**地表示，一定要向政府爭取更多社區福利，為市民創造一個良好的居住環境。

2. 他的話**斬釘截鐵**，顯示出一種不達目的誓不罷休的決心。

斬：砍斷。截：切斷。

連綿不斷 (连绵不断)

普： lián　　　mián　　　bù　　　duàn

粵： lin⁴〔憐〕　　min⁴〔眠〕　　bet⁷〔筆〕　　dyn⁶〔段〕

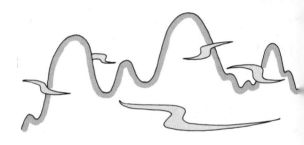

【解釋】

接連不斷。

【例句】

1. 這些日子細雨濛濛，**連綿不斷**。

2. **連綿不斷**的山脈蜿蜒起伏，一直伸向天邊。

①連綿：接連不斷。②不要把這裏的「綿」寫成「棉」。

專心致志 (专心致志)

普： zhuān   xīn   zhì   zhì

粵： dzyn¹〔尊〕 sɛm¹〔深〕 dzi³〔至〕 dzi³〔至〕

【解釋】

心思專注，集中精神。

【例句】

1. 國基正**專心致志**地在寫畢業論文，已經好久沒有看電視了。

2. 她做實驗是那樣的**專心致志**，如果不是有人提醒，她根本沒有注意到下班時間早已過了。

> 致：集中 (心思、力量等) 於某個方面。志：心思。

堅持不懈 (堅持不懈)

普： jiān　　　　 chí　　　　 bù　　　　 xiè

粵： gin¹〔肩〕　 tsi⁴〔池〕　 bɐt⁷〔筆〕　 hai⁶〔械〕

【解釋】

堅持做下去，毫不鬆懈。

【例句】

1. 老師向我們講了「鐵杵磨針」的故事，教導我們做事要有恆心，只要**堅持不懈**，肯下苦功，就能獲得成功。

2. **萊特**兄弟**堅持不懈**地進行研究，經過一千多次試驗，終於使飛機成功飛行了。

懈：鬆懈。

脣槍舌劍 （唇枪舌剑）

普：	chún	qiāng	shé	jiàn
粵：	sœn⁴〔純〕	tsœŋ¹〔昌〕	sit⁸〔洩〕	gim³〔兼陰去〕

【解釋】

嘴脣像槍，舌頭似劍。形容爭辯激烈，言辭尖銳。

【例句】

1. 今天是星期天，維多利亞公園的論壇裏正進行一
   場**脣槍舌劍**的辯論。

2. 博揚和志文**脣槍舌劍**地爭執起來，差點兒傷了和
   氣。

①也作「舌劍脣槍」。②這是一種比喻說法，把激烈尖銳
的爭辯比作槍劍交鋒。

雪中送炭

普： xuě　　　zhōng　　　sòng　　　tàn

粵： syt⁸〔説〕　dzuŋ¹〔鍾〕　suŋ³〔宋〕　tan³〔歎〕

【解釋】

下雪天給人送去取暖用的炭。比喻在別人急需的時候
給以幫助。

【例句】

1. 我按照科學老師的要求，準備寫一份關於科學家
   伽俐略的專題報告，利民表哥知道後借給我兩冊
   記述伽利略生平和科學成就的書，真是**雪中送炭**
   啊！

2. 舅舅是個熱心人，為朋友做了很多**雪中送炭**的
   事。

捧腹大笑

普： pěng　　　　fù　　　　dà　　　　xiào

粵： puŋ²〔碰陰上〕　fuk⁷〔福〕　dai⁶〔帶陽去〕　siu³〔嘯〕

【解釋】

捧着肚子大笑。形容笑得很厲害。

【例句】

1. 振清最會說笑話，常常把別人逗得**捧腹大笑**。

2. 聽了小榮牛頭不對馬嘴的回答，志傑不禁**捧腹大笑**起來。

不要把「捧」寫成或讀成「棒」。

排除萬難 (排除万难)

普: pái   chú   wàn   nán

粵: pai⁴〔牌〕   tsœy⁴〔徐〕   man⁶〔慢〕   nan⁴〔尼閒切〕

【解釋】

掃除各種障礙，克服各種困難。

【例句】

1. 唐代的玄奘法師**排除萬難**到印度取經，是一位令人敬仰的先賢。

2. 一個人立志之後，如果沒有**排除萬難**的勇氣，他的志向也是難以實現的。

> 不要把這裏的「難」讀成「苦難」、「有難同當」的「難」。

推三阻四

普： tuī　　　　sān　　　　zǔ　　　　sì

粵： tœy¹〔退陰平〕　sam¹〔衫〕　dzɔ²〔左〕　sei³〔死陰去〕

【解釋】

形容找各種借口推托。

【例句】

1. 既然大家都鼓掌歡迎你唱歌，你就別**推三阻四**的了。

2. 永年希望哥哥帶他到海洋公園，哥哥**推三阻四**地不願去，永年很不高興。

推：推托。阻：拒絕。

推己及人

普： tuī　　　jǐ　　　jí　　　rén

粵： tœy¹〔退陰平〕　gei²〔紀〕　kɐp⁹〔給陽入〕　jɐn⁴〔仁〕

【解釋】

用自己的心思來推想別人的心思。指將心比心，體諒別人，替別人着想。

【例句】

1. 同事之間相處，如果都能做到**推己及人**，大家的關係就會融洽得多。

2. 我希望你能**推己及人**地為她想一想，體諒她這樣做的苦衷。

①推：推想。及：到。②不要把「己」寫成「已」。

捨己為人 (舍己为人)

普： shě   jǐ   wèi   rén

粵： sɛ²〔寫〕   gei²〔紀〕   wɐi⁶〔胃〕   jɐn⁴〔仁〕

【解釋】

為了他人而捨棄自己的利益。

【例句】

1. 袁老伯拿出多年的積蓄來資助兩位因經濟困難而失學的女童，這種**捨己為人**的行為深受大家稱讚。

2. 吳警員**捨己為人**，為保護市民而被歹徒開槍擊傷，各界人士紛紛到醫院向他表示慰問。

①捨：捨棄。②不要把「己」寫成「已」，或把這裏的「為」讀成「行為」、「認為」、「先睹為快」的「為」。

救死扶傷 （救死扶伤）

普：	jiù	sǐ	fú	shāng
粵：	gɐu³〔夠〕	sei²〔四陰上〕	fu⁴〔符〕	sœŋ¹〔雙〕

【解釋】

搶救有生命危險的人，照顧受傷的人。現在大多用來形容醫務人員全心全意為病人服務的精神。

【例句】

1. 蓮英看到醫生**救死扶傷**的情景很受感動，立志將來也要濟世行醫。

2. 王醫師把**救死扶傷**當成自己的天職，盡心竭力為病人服務。

眼花繚亂 (眼花缭乱)

普：	yǎn	huā	liáo	luàn
粵：	ŋan⁵〔顏陽上〕	fa¹〔化陰平〕	liu⁴〔聊〕	lyn⁶〔聯陽去〕

【解釋】

形容看到繽紛耀眼的色彩或紛繁複雜的事物而眼睛發花，或不知道看哪一個好。

【例句】

1. 觀賞尖東的聖誕燈飾，我常常有一種**眼花繚亂**的感覺，那些佈置實在太漂亮了。

2. 武術隊表演了刀、劍、槍、棒各種套路，看得人**眼花繚亂**。

①繚亂：紛亂。②不要把「繚」寫成「瞭」或「僚」。

啞口無言 (哑口无言)

普：	yǎ	kǒu	wú	yán
粵：	a²〔鴉陰上〕	heu²〔侯陰上〕	mou⁴〔毛〕	jin⁴〔然〕

【解釋】

沒有話對答，說不出話來。大多用於表示理屈詞窮。

【例句】

1. 克昂義正辭嚴，把對方駁得**啞口無言**。

2. 阿菊自知不對，**啞口無言**，低着頭聽任姐姐責備。

啞口：閉口不作聲。

異口同聲 (异口同声)

普： yì　　　kǒu　　　　tóng　　　shēng

粵： ji⁶〔二〕　　hɐu²〔侯陰上〕　　tuŋ⁴〔銅〕　　siŋ¹〔升〕

【解釋】

從不同人的嘴裏說出同樣的話。形容大家說的都一致。

【例句】

1. 博揚問粵生、國華假日到哪裏去郊遊，他倆**異口同聲**地回答：「西貢。」

2. 周老師希望同學們推舉一位合唱隊的鋼琴伴奏，大家**異口同聲**，一致選婉美。

①異：不同的。②不要把「異口」寫成「一口」。

異想天開 (异想天开)

普: yì　　xiǎng　　tiān　　kāi

粵: ji⁶〔二〕　　sœŋ²〔賞〕　　tin¹〔田陰平〕　　hɔi¹〔海陰平〕

【解釋】

形容想法非常奇特,難以實現。

【例句】

1. 騰雲駕霧過去被看作是**異想天開**的事,今天有了飛機和宇宙飛船,這就不足為奇了。

2. 志勇希望發明一種能醫百病的藥物,真是**異想天開**啊!

異:奇異。天開:天裂開。比喻根本不可能出現的事。

趾高氣揚 （趾高气扬）

普： zhǐ　　　　gāo　　　　qì　　　　yáng

粵： dzi²〔止〕　gou¹〔膏〕　hei³〔器〕　jœŋ⁴〔陽〕

【解釋】

走路時腳抬得高高的，神氣十足。形容驕傲自大，得意忘形的樣子。

【例句】

1. 他工作有了點成績，就**趾高氣揚**，看不起別人，這是很不應該的。

2. 利生**趾高氣揚**地對妹妹說：「我的游泳成績在全校是數一數二的，你還敢說不佩服嗎？」

①趾：腳指頭。這裏泛指腳。②不要把「趾」寫成「志」，或把「揚」寫成「楊」。

眾志成城 (众志成城)

普： zhòng   zhì   chéng   chéng

粵： dzuŋ³〔種〕   dzi³〔至〕   siŋ⁴〔乘〕   siŋ⁴〔誠〕

【解釋】

萬眾一心，就如同構築起堅固的城牆，不可摧毀。比喻大家團結一致，力量就無比強大。

【例句】

1. 一枝箭很容易折斷，十九枝箭在一起就折不斷了。吐谷渾的首領阿豺用折箭作比喻，說明**眾志成城**的道理。

2. 我方軍民**眾志成城**，勝券在握。

志：心思，意志。

甜言蜜語 (甜言蜜语)

普：	tián	yán	mì	yǔ
粵：	tim⁴〔添陽平〕	jin⁴〔然〕	mɛt⁹〔勿〕	jy⁵〔雨〕

【解釋】

像蜜一樣甜的話。比喻為了討人喜歡或哄騙人而說的好聽的話。也指說這樣的話。

【例句】

1. 紅衣少女用**甜言蜜語**哄騙克求里斯，想讓他放棄和惡勢力的鬥爭。

2. 何嬸坐在老太太身旁**甜言蜜語**，說得老太太心花怒放。

不要把「蜜」寫成「密」。

停滯不前 (停滯不前)

普：	tíng	zhì	bù	qián

粵：	tiŋ⁴〔庭〕	dzɐi⁶〔濟陽去〕	bɐt⁷〔筆〕	tsin⁴〔錢〕

【解釋】

停頓下來，不再前進。

【例句】

1. 這家工廠通過更新設備，引進技術，使近年來**停滯不前**的生產狀況有了明顯的改善。

2. 自滿會使人**停滯不前**，虛心才能使人進步。

不要把「滯」讀成「帶」。

鳥語花香 (鸟语花香)

普： niǎo   yǔ   huā   xiāng

粵： niu⁵〔裊〕   jy⁵〔雨〕   fa¹〔化陰平〕   hœŋ¹〔鄉〕

【解釋】

鳥在婉轉地啼鳴，花朵散發出芳香。形容景色美好宜人。

【例句】

1. 香山公園**鳥語花香**，綠樹成蔭，來此遊玩的人每天都絡繹不絕。

2. 經過一段時期的緊張工作，我很想找一個**鳥語花香**的地方好好休息幾天，調養一下身心。

也作「花香鳥語」。

得心應手 （得心应手）

普： dé　　　xīn　　　yìng　　　shǒu

粵： dɛk⁷〔德〕　　sɐm¹〔深〕　　jiŋ³〔英陰去〕　　sɐu²〔首〕

【解釋】

心裏怎麼想，手裏就能怎麼做。形容技藝純熟或做事非常順利。

【例句】

1. 通過鑽研，他已經能**得心應手**地運用電腦從事研究工作了。

2. 蘇先生在商界服務了二十多年，經驗豐富，處理各類日常商業事務無不**得心應手**。

①得心：心中有所領悟。應手：手裏所做的與心裏所想的相適應。②不要把這裏的「應」讀成「應該」、「應有盡有」的「應」。

得過且過 (得过且过)

普： dé　　　　guò　　　　qiě　　　　guò

粵： dɐk⁷〔德〕　gwɔ³〔果陰去〕　tsɛ²〔扯〕　gwɔ³〔果陰去〕

【解釋】

能勉強過得下去就暫且這樣過下去。經常用於形容生活或工作態度。指生活中缺乏理想和追求，過一天算一天；或工作中不負責任，馬馬虎虎應付混日子。

【例句】

1. 這些公司職員頗富敬業精神，辦事認真，絕不會**得過且過**地應付差事。

2. **得過且過**的生活態度導致他到頭來一事無成，我們應該引以為戒。

得：用在動詞前表示許可。且：暫且。

得意洋洋

普： dé　　　　yì　　　　yáng　　　　yáng

粵： dɐk⁷〔德〕　ji³〔衣陰去〕　jœŋ⁴〔羊〕　jœŋ⁴〔羊〕

【解釋】

形容自我欣賞，覺得非常稱心如意的樣子。

【例句】

1. 大雄**得意洋洋**地說：「周老師說我有唱歌的天分，這次合唱比賽我們班一定可以奪標。」

2. 志強聽見別人稱讚他字寫得好，不免**得意洋洋**起來，好像自己真成了書法家似的。

---

①也作「洋洋得意」。「洋洋」也可作「揚揚」。②得意：稱心如意，多含有驕傲自滿的意思。「得意忘形」、「自鳴得意」中的「得意」也是這個意思。洋洋：形容得意的樣子。

從容不迫 (从容不迫)

普： cóng　　　róng　　　bù　　　pò

粵： suŋ¹〔鬆〕　juŋ⁴〔溶〕　bɐt⁷〔筆〕　bak⁷〔伯陰入〕

【解釋】

不慌不忙，沉着鎮定。

【例句】

1. 魏先生辦事**從容不迫**，顯出一副胸有成竹的樣子。

2. 婉君在論文答辯會上**從容不迫**地回答了老師的提問，看得出她是作了充分準備的。

①從容：不慌不忙，沉着鎮定。「從容自若」、「從容就義」中的「從容」也是這個意思。迫：勿促。②不要把這裏的「從」讀成「從善如流」、「從前」的「從」。

從善如流 (从善如流)

普：	cóng	shàn	rú	liú
粵：	tsuŋ⁴〔蟲〕	sin⁶〔羨〕	jy⁴〔余〕	lɐu⁴〔留〕

十項建議

【解釋】

形容人能很快地接受別人的正確意見。

【例句】

1. 班長美婷遇事常和同學們商量，**從善如流**，所以我班的各項活動都開展得有聲有色。

2. 鄭先生是個**從善如流**的人，你們盡管向他提出意見。

從：聽從。善：好的，正確的。如流：像水順流而下那樣迅速自然。

貪贓枉法 （貪赃枉法）

普：	tān	zāng	wǎng	fǎ
粵：	tam¹〔談陰平〕	dzɔŋ¹〔莊〕	wɔŋ²〔汪陰上〕	fat⁸〔發〕

【解釋】

官員利用職權接受賄賂，違犯法紀。

【例句】

1. 宋朝時，**貪贓枉法**的官吏一見到包青天，就嚇得魂飛魄散。

2. 市民如果發現有人**貪贓枉法**，可以向廉正公署舉報。

①貪贓：官員接受賄賂。枉法：執法人員為了私利而歪曲、濫用法律。②不要把「贓」寫成「臟」，或把「枉」寫成「狂」。

設身處地 (设身处地)

普： shè　　　shēn　　　chǔ　　　dì

粵： tsit⁸〔徹〕　　sɛn¹〔辛〕　　tsy⁵〔柱〕　　dei⁶〔杜利切〕

【解釋】

設想自己處在別人的地位或境遇中。指替別人的處境着想。

【例句】

1. 由於所處的地位不同，人們對事情往往會有不同的看法，如果都能**設身處地**為對方想一想，衝突自然減少。

2. 在待人接物方面，母親常常**設身處地**替別人着想，所以她的人緣很好。

設：設想。身：自己，自身。

望而生畏

普： wàng　　　ér　　　shēng　　　wèi

粵： mɔŋ⁶〔亡陽去〕　ji⁴〔兒〕　seŋ¹〔甥〕　wɐi³〔慰〕

【解釋】

看見了就害怕。

【例句】

1. 你官架子十足，別人對你**望而生畏**，又怎麼會向你訴說心底話呢？

2. 這座橋架設在兩山之間，橋下是令人**望而生畏**的萬丈深谷。

生：產生。畏：害怕。「畏縮不前」、「畏敵如虎」中的「畏」也是這個意思。

望塵莫及 (望尘莫及)

普： wàng　　　chén　　　mò　　　jí

粵： mɔŋ⁶〔亡陽去〕　tsɐn⁴〔陳〕　mɔk⁹〔漠〕　kɐp⁹〔給陽入〕

【解釋】

只能望見走在前面的人所帶起的塵土，卻怎麼也追趕不上。比喻遠遠落後，遠遠達不到。

【例句】

1. 澤榮是全校的百米冠軍，他的短跑速度是一般同學望塵莫及的。

2. 由於實行獨特的管理方法，宏光公司獲得了別人望塵莫及的高效率。

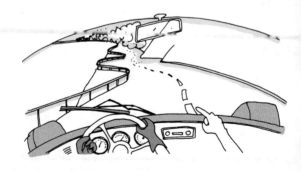

莫及：這裏指趕不上，達不到。

情不自禁

普： qíng   bù   zì   jìn

粵： tsiŋ⁴〔晴〕   bɐt⁷〔筆〕   dzi⁶〔字〕   gɛm¹〔金〕

【解釋】

控制不住自己的感情。

【例句】

1. 丙班的同學聽到老師宣佈他們得了合唱比賽第一名，**情不自禁**地歡呼起來。

2. 爸爸回憶起二十多年前在這所學校讀書的情景，**情不自禁**，又哼起當年的校歌來。

> ①禁：克制，忍住。②不要把這裏的「禁」讀成「禁止」的「禁」。

淋漓盡致 (淋漓尽致)

普： lín   lí   jìn   zhì

粵： lɐm⁴〔林〕   lei⁴〔離〕   dzœn⁶〔進陽去〕   dzi³〔至〕

【解釋】

形容描寫或敘述詳盡透徹。也形容表達、反映得很充分徹底。

【例句】

1. 這小說把主人公的心態**淋漓盡致**地刻畫了出來，給讀者留下很深的印象。

2. 在這盤單打比賽中，丁勇的弧圈球技術發揮得**淋漓盡致**，成為他克敵制勝的有力武器。

---

①淋漓：形容暢快。盡致：十分透徹，達到極點。②不要把「致」寫成「至」。

淚如雨下

普： lèi   rú   yǔ   xià

粵： lœy⁶〔類〕   jy⁴〔余〕   jy⁵〔語〕   ha⁶〔夏〕

【解釋】

眼淚像雨水一樣流下來。形容非常傷心。

【例句】

1. 親人遭到不幸的消息傳來後，<u>小蓉</u>**淚如雨下**，悲痛萬分。

2. 那位老漢向人們訴說了他坎坷的身世，說到傷心處，不禁**淚如雨下**。

張口結舌 (张口结舌)

普：	zhāng	kǒu	jié	shé
粵：	dzœŋ¹〔章〕	hɐu²〔候陰上〕	git⁸〔潔〕	sit⁸〔洩〕

【解釋】

張着嘴說不出話來。形容因理屈詞窮或害怕、緊張而說不出話來。

【例句】

1. 人贓俱獲，小偷**張口結舌**地再也無法狡辯了。

2. 育生從來沒試過當着這麼多人發言，他站在台上**張口結舌**，急出一頭大汗。

結舌：舌頭像打了結似地不能活動，說不出話。「瞠目結舌」中的「結舌」也是這個意思。

張牙舞爪 (张牙舞爪)

普： zhāng　　　　yá　　　　　wǔ　　　　　zhǎo

粵： dzœŋ¹〔章〕　ŋa⁴〔芽〕　mou⁵〔武〕　dzau²〔找〕

【解釋】

原形容野獸張開嘴露出鋒利的牙齒，舞動着爪子，一副兇相。後也用於形容人猖狂兇狠的樣子。

【例句】

1. 大黑狗**張牙舞爪**，向着<u>小明</u>狂叫，嚇得他急忙後退。

2. 見到這兩個流氓在**張牙舞爪**地威脅小同學，過路的市民紛紛嚴辭斥責，把他們趕跑了。

將計就計 （將計就計）

普： jiāng　　jì　　jiù　　jì

粵： dzœŋ¹〔張〕　gei³〔繼〕　dzɐu⁶〔袖〕　gei³〔繼〕

【解釋】

利用對方使用的計策，反過來向對方施計。

【例句】

1. 《三國演義》中有一則「羣英會將幹中計」的故事，
   寫的是吳國的周瑜見曹操派蔣幹前來刺探軍情，
   便**將計就計**，讓蔣幹盜了一封假信回去，結果使
   曹操上了當。

2. 他們識破了敵方的反間計後，採用**將計就計**的辦
   法，索性佯裝不和來迷惑對方。

---

①將：拿，用。②不要把這裏的「將」讀成「健將」、「主
將」的「將」。

通力合作

普： tōng　　　　　lì　　　　　hé　　　　　zuò

粵： tuŋ¹〔同 陰平〕　lik⁹〔歷〕　hɐp⁹〔盒〕　dzɔk⁸〔昨 中入〕

【解釋】

一起努力，共同來做。

【例句】

1. 由於各方**通力合作**，這條高速公路提前通車了。

2. 這場足球賽我們所以能取勝，全靠各隊員的**通力合作**。

通力：一起出力。

通宵達旦 (通宵达旦)

普: tōng　　　 xiāo　　　 dá　　　 dàn

粵: tuŋ¹〔同陽平〕　 siu¹〔燒〕　 dat⁹〔第辣切〕　 dan³〔誕〕

【解釋】

整整一夜，直到天亮。

【例句】

1. 經過**通宵達旦**的忙碌，他們終於在會議開幕前把會議所需要的各種資料全部整理出來了。

2. 家達在實驗室裏**通宵達旦**地工作，始終沒有合過眼。

---

①通：整個。宵：夜晚。達：到，直到。旦：天亮。
②不要把「宵」寫成「霄」。

陳詞濫調 （陈词滥调）

普： chén cí làn diào

粵： tsɐn⁴〔塵〕 tsi⁴〔池〕 lam⁶〔纜〕 diu⁶〔掉〕

【解釋】

陳舊而不切實際的話。

【例句】

1. 他的講話盡是些**陳詞濫調**，難怪不受人歡迎。

2. 一篇充滿**陳詞濫調**的文章，絕不會是好文章。

①陳：陳舊。詞：指說話或文章中的語句。濫：指空泛
而不切實際。調：論調。②不要把「濫」寫成「爛」，或把
這裏的「調」讀成「調皮」、「風調雨順」的「調」。

琳瑯滿目 （琳琅滿目）

普： lín   láng   mǎn   mù

粵： lɛm⁴〔林〕   lɔŋ⁴〔郎〕   mun⁵〔門陽上〕   muk⁹〔木〕

【解釋】

珍貴美好的東西很多，充滿視野。大多用來指書籍、字畫、工藝品或精美的商品。

【例句】

1. 故宮博物院珍寶館中**琳瑯滿目**的陳列品令參觀者讚歎不已。

2. 海淀圖書城裏各類圖書精品**琳瑯滿目**，令人目不暇給。

> 琳瑯：美玉。也比喻珍貴美好的東西。滿目：充滿視野，滿眼都是。

喜出望外

普： xǐ　　　chū　　　wàng　　　wài

粵： hei²〔起〕　tsœt⁷〔齣〕　mɔŋ⁶〔亡陽去〕　ŋɔi⁶〔礙〕

【解釋】

遇到出乎意料的喜事而特別高興。

【例句】

1. 國安隊戰勝歐洲足球勁旅後，球迷們**喜出望外**地歡呼起來。

2. 失去聯繫多年的老同學突然來訪，使君豪**喜出望外**。

望：希望，意料。

喜怒哀樂 （喜怒哀乐）

普：	xǐ	nù	āi	lè
粵：	hei²〔起〕	nou⁶〔奴陽去〕	oi¹〔埃〕	lɔk⁹〔落〕

【解釋】

喜歡、惱怒、悲哀、快樂。指人在不同的處境下產生的各種感情。

【例句】

1. 若要在文章中表達**喜怒哀樂**的情感，一般都可以使用感歎號。

2. 國平性格直爽，不善於控制情感，**喜怒哀樂**都容易從臉上表露出來。

喜氣洋洋 （喜气洋洋）

普： xǐ　　　qì　　　yáng　　　yáng

粵： hei²〔起〕　hei³〔器〕　jœŋ⁴〔羊〕　jœŋ⁴〔羊〕

【解釋】

形容非常快樂的樣子。

【例句】

1. 農曆新年快到了，全家人**喜氣洋洋**地把家裏打掃得乾乾淨淨，歡度新春。

2. 哥哥今天要從加拿大回來了，全家**喜氣洋洋**，我和妹妹都爭着要去機場接他。

喜氣：快樂的神情或氣氛。洋洋：喜樂的樣子。

雄心勃勃

普：	xióng	xīn	bó	bó
粵：	huŋ⁴〔紅〕	sɛm¹〔深〕	but⁹〔撥〕	but⁹〔撥〕

【解釋】

理想和抱負很遠大，並有強烈的願望要實現它。

【例句】

1. 這位棋手雖然近年戰績不佳，但談到今後的打算，依然**雄心勃勃**。

2. 關校長**雄心勃勃**地要把本校辦成全區第一流的學校。

雄心：遠大的理想和抱負。勃勃：形容慾望強烈的樣子。

提心弔膽 (提心吊胆)

普：	tí	xīn	diào	dǎn
粵：	tei⁴〔題〕	sɐm¹〔深〕	diu³〔釣〕	dam²〔擔陰上〕

【解釋】

形容十分擔心或害怕。

【例句】

1. 聽說颱風要來了，木屋區的居民整天**提心弔膽**的，生怕會房倒屋塌。

2. 我**提心弔膽**地坐上過山車，當它作三百六十度旋轉時真把我嚇壞了。

也作「懸心弔膽」。

提綱挈領 （提纲挈领）

普：	tí	gāng	qiè	lǐng
粵：	tɐi⁴〔題〕	gɔŋ¹〔江〕	kit⁸〔揭〕	liŋ⁵〔玲陽上〕

【解釋】

抓起魚網的總繩，提起衣領，魚網及衣服就提了起來。比喻抓住關鍵，簡明扼要。

【例句】

1. 寫作宜先列大綱，**提綱挈領**地說明各段落的主要內容。

2. 張老師歸納了幾種文章體裁的特點，**提綱挈領**，向同學們逐一介紹。

> 綱：魚網的總繩。「綱舉目張」中的「綱」也是這個意思。
> 挈：用手提起。領：衣領。

虛有其表

普： xū　　　　yǒu　　　　qí　　　　biǎo

粵： hœy¹〔墟〕　jɐu⁵〔友〕　kei⁴〔奇〕　biu²〔標陰上〕

【解釋】

空有好的外表，實際卻不行，不中用。

【例句】

1. 鄭教授不是那種**虛有其表**的人，他的學術素養很高，校長十分器重他。

2. 這種手錶外觀高雅，卻不能準確地報告時間，實在是**虛有其表**。

> 虛：白白地。表：外表。

啼笑皆非

普：	tí	xiào	jiē	fēi
粵：	tɐi⁴〔題〕	siu³〔嘯〕	gai¹〔佳〕	fei¹〔飛〕

【解釋】

哭也不是，笑也不是。形容令人既難受又覺得可笑。

【例句】

1. 小勇認為「花兒怒放」是花兒生氣的意思，這種解釋真令人啼笑皆非。

2. 阿偉看了幾部武俠小說，就覺得自己已得了武學真傳，爸爸知道後啼笑皆非。

啼：出聲地哭。皆：都。非：不是。

黑白分明

普：	hēi	bái	fēn	míng
粵：	hɛk⁷〔刻〕	bak⁹〔帛〕	fɐn¹〔昏〕	min⁴〔名〕

【解釋】

黑色與白色區分得清清楚楚。也比喻是非或好壞等區分得清清楚楚。

【例句】

1. 玲玲長着一對**黑白分明**的大眼睛，光亮而有神。

2. 宋代有位包拯，斷案**黑白分明**，人稱包青天。

分明：清楚。

無可奈何 (无可奈何)

普： wú　　　　kě　　　　nài　　　　hé

粵： mou⁴〔毛〕　　hɔ²〔何陰上〕　　nɔi⁶〔耐〕　　hɔ⁴〔河〕

【解釋】

沒有辦法可想。表示不得已，只好這樣。

【例句】

1. 在事實面前，他**無可奈何**地只好承認了。

2. 忠祥是排球隊裏有名的主攻手，他扣球兇狠多
   變，對方攔網隊員總拿他**無可奈何**。

奈何：怎麼辦。

無拘無束 (无拘无束)

普： wú　　　jū　　　wú　　　shù

粵： mou⁴〔毛〕　kœy¹〔俱〕　mou⁴〔毛〕　tsuk⁷〔促〕

【解釋】

形容沒有約束，自由自在。

【例句】

1. 兩位老朋友一見面就**無拘無束**地交談起來，話題十分廣泛。

2. 逸偉在大伯家裏**無拘無束**，和堂兄妹們玩得很痛快。

拘、束：指對人的言語、行動加以限制。

無所不知 (无所不知)

普： wú　　　　suǒ　　　　bù　　　　zhī

粵： mou⁴〔毛〕　　sɔ²〔鎖〕　　bɐt⁷〔筆〕　　dzi¹〔支〕

【解釋】

沒有甚麼不知道的。

【例句】

1. 在小孩子眼裏大人們似乎是**無所不知**的，你同意嗎？

2. 世界上沒有**無所不知**的人，所謂「通才」只是說他具備不只一種才能而已，但也並非樣樣都懂。

無所事事 （无所事事）

普：	wú	suǒ	shì	shì
粵：	mou⁴〔毛〕	sɔ²〔鎖〕	si⁶〔是〕	si⁶〔是〕

【解釋】

閒着沒有甚麼事情可做，或甚麼事情也不做。

【例句】

1. 陳老伯退休以後**無所事事**在家裏地閒着，感到極不習慣。

2. 古人說：「當惜分陰。」如果整天**無所事事**，讓光陰白白浪費掉，不是很可惜嗎？

> 事事：從事某項工作，做事。前一個「事」是動詞，「從事」的意思；後一個「事」是名詞，指事情、工作。

無微不至 (无微不至)

普： wú   wēi   bù   zhì

粵： mou⁴〔毛〕   mei⁴〔眉〕   bɐt⁷〔筆〕   dzi³〔志〕

【解釋】

沒有一處細微的地方不被照顧到。形容關心照顧非常細緻週到。

【例句】

1. 胡阿姨對這班孤兒**無微**不至，他們一起生活，猶如一家人。

2. 雅文生病後，受到媽媽**無微**不至的照料，康復得很快。

微：細微。至：到。

• 402 •

無精打采 (无精打采)

普:	wú	jīng	dǎ	cǎi
粵:	mou⁴〔毛〕	dziŋ¹〔晶〕	da²〔多啞切〕	tsɔi²〔彩〕

【解釋】

形容心情不愉快,沒精神,

【例句】

1. 博良出去釣魚,卻毫無收穫,只好**無精打采**地回到家去。

2. 小雷不能考進籃球校隊,終日**無精打采**。

①也作「沒精打采」。②精:精神。打:打消。采:精神,神采。「興高采烈」、「神采奕奕」中的「采」也是這個意思。③不要把這個意思的「采」寫成「彩」。

無影無蹤 (无影无踪)

普：	wú	yǐng	wú	zōng
粵：	mou⁴〔毛〕	jiŋ²〔映〕	mou⁴〔毛〕	dzuŋ¹〔宗〕

【解釋】

沒有一點影子和蹤跡。形容完全消失或不知去向。

【例句】

1. 孟維第一次演話劇，因為過分緊張，原先熟記的對話竟忘得**無影無蹤**。

2. 汽車開得飛快，不一會兒就**無影無蹤**了。

①蹤：腳印，蹤跡。②不要把它寫成「綜」。

無價之寶 （无价之宝）

普：	wú	jià	zhī	bǎo
粵：	mou⁴〔毛〕	ga³〔嫁〕	dzi¹〔支〕	bou²〔保〕

【解釋】

價值高得無法估量的寶物。指極其珍貴的東西。

【例句】

1. 敦煌莫高窟中保存着大量公元四至十四世紀的精美壁畫，是中國文化的**無價之寶**。

2. 俗話說：「家和萬事興。」和睦是家庭生活的**無價之寶**，一個和睦的家庭才能是幸福的家庭。

無窮無盡 (无穷无尽)

普：	wú	qióng	wú	jìn
粵：	mou⁴〔毛〕	kuŋ⁴〔穹〕	mou⁴〔毛〕	dzœn⁶〔進陽去〕

【解釋】

沒有止境，沒有限度。

【例句】

1. 假日外出旅遊，能帶給我們**無窮無盡**的樂趣。

2. 人類的創造力**無窮無盡**，科學技術的進步也永無止境。

> 窮：盡頭，完。「層出不窮」、「後患無窮」中的「窮」也是這個意思。

無關緊要 (无关紧要)

普： wú　　　　guān　　　　jǐn　　　　yào

粵： mou⁴〔毛〕　gwan¹〔慣陰平〕　gen²〔謹〕　jiu³〔腰陰去〕

【解釋】

沒有甚麼要緊的，不重要。

【例句】

1. 把寫錯別字當成**無關緊要**的小事而不予重視，是不對的。

2. 你只要能買上今天回香港的車票就行，至於坐哪趟車，那**無關緊要**。

緊要：緊急重要。

筋疲力盡 (筋疲力尽)

普：	jīn	pí	lì	jìn
粵：	gɐn¹〔斤〕	pei⁴〔皮〕	lik⁹〔歷〕	dzœn⁶〔進陽去〕

【解釋】

形容非常疲勞，一點力氣也沒有。

【例句】

1. 昨天君富到大嶼山盡興地玩了一天，直到筋疲力盡的時候才回家。

2. 他們連日趕路，已經累得筋疲力盡了。

①也作「筋疲力竭」、「精疲力盡」、「精疲力竭」。
②筋：肌肉的舊稱。精：精神。竭：竭盡，用完了。

集思廣益 （集思广益）

普： jí　　　　sī　　　　guǎng　　　　yì

粵： dzap⁹〔習〕　si¹〔司〕　gwɔŋ²〔光陰上〕　jik⁷〔億〕

出版事業有限…

意見箱

【解釋】

集中大家的智慧，廣泛吸收有益的意見。

【例句】

1. 蔡教練**集思廣益**，不斷改進訓練方法，提高了球員的球技和臨場應變能力。

2. 一個人的聰明才智雖然有限，但通過**集思廣益**的辦法，是可以找到克服困難的良策的。

①思：思想。益：指有益的意見。②不要把「集」寫成「積」。

集腋成裘

普： jí   yè   chéng   qiú

粵： dzap⁹〔習〕 jik⁹〔亦〕 siŋ⁴〔乘〕 kɐu⁴〔求〕

【解釋】

狐狸腋下的毛皮雖然很小，但把許多這樣的小塊毛皮
聚集起來就能縫成一件珍貴的皮袍。比喻積少成多。
一般用於有意義的事。

【例句】

1. 薛燕喜愛搜集各旅遊勝地的參觀券，幾年來**集腋
成裘**，已經積累了兩百多張。

2. 一滴水、一度電雖然價值很小，但如果我們每個
人都能注意節約，那麼一定會出現**集腋成裘**的效
果。

> 腋：胳肢窩。這裏指狐狸腋下的純白毛皮。裘：皮袍。
> 在古代，用狐狸腋下的白毛皮縫製的皮袍非常珍貴。

循規蹈矩 (循規蹈矩)

普： xún   guī   dǎo   jǔ

粵： tsœn⁴〔巡〕 kwɐi¹〔虧〕 dou⁶〔道〕 gœy²〔舉〕

【解釋】

遵守規矩。現在也指人拘泥保守，只知按既有規定辦事，不敢根據實際需要稍作變動。

【例句】

1. 王伯伯是個**循規蹈矩**的人，做事歷來十分謹慎。

2. 藝術需要創新，一味的**循規蹈矩**不利於藝術的發展。

---

①循：依照。規：畫圓形的工具。蹈：踏。這裏指遵守。矩：畫直角或方形的曲尺。規和矩在這裏都比喻既有的準則或規定。②不要把「蹈」寫成「踏」，或把「矩」寫成「距」。

循循善誘 （循循善诱）

普：	xún	xún	shàn	yòu
粵：	tsœn⁴〔巡〕	tsœn⁴〔巡〕	sin⁶〔羨〕	jɐu⁵〔友〕

【解釋】

善於有步驟地引導教育。

【例句】

1. 這位學者對年青人**循循善誘**，使大家深受教益。

2. 爸爸過去是一位**循循善誘**的好教師，他退休後學生仍經常來看望他。

①循循：有次序的樣子。善：善於。誘：誘導，引導。
②不要把「誘」讀成「秀」。

飲水思源 (饮水思源)

普： yǐn　　　　shuǐ　　　　sī　　　　yuán

粵： jɐm²〔音陰上〕　sœy²〔雖陰上〕　si¹〔司〕　jyn⁴〔元〕

【解釋】

喝水的時候想到水的來源。比喻人不忘本。

【例句】

1. 國輝在黃老師的耐心指導下獲取演講比賽的冠軍，他立刻想到要向黃老師表示感謝，這是**飲水思源**的意思。

2. 不是老一輩香港人的辛勤努力，香港絕不會有今天的繁榮。**飲水思源**，我們不能忘記他們的功績。

惶恐不安

普： huáng　　　kǒng　　　bù　　　ān

粵： wɔŋ⁴〔王〕　huŋ²〔孔〕　bɐt⁷〔筆〕　ɔn¹〔鞍〕

【解釋】

驚慌害怕，內心十分不安。

【例句】

1. 弟弟闖了禍，臉上露出**惶恐不安**的神色。

2. 達祥今天又遲到了，他**惶恐不安**地走進教室，連
   頭都不敢抬。

---

①「惶」和「恐」都指恐懼、害怕。「誠惶誠恐」中的
「惶」、「恐」也是這個意思。②不要把「惶」寫成「慌」。

普天同慶 (普天同庆)

普：	pǔ	tiān	tóng	qìng
粵：	pou²〔譜〕	tin¹〔田 陰平〕	tuŋ⁴〔銅〕	hiŋ³〔興〕

【解釋】

天下的人一同慶祝。

【例句】

1. 踏進新的一年，**普天同慶**，在電視機前便能看到各國人民慶祝的熱鬧情景。

2. 在**普天同慶**的聖誕節裏，馬路上人潮湧湧，到處充滿了歡樂的氣氛。

普：全。天：天下。指全國或全世界。

畫棟雕樑 （画栋雕梁）

普： huà　　　dòng　　　diāo　　　liáng

粵： wak⁹〔或〕　duŋ⁶〔動〕　diu¹〔刁〕　lœŋ⁴〔良〕

【解釋】

房屋的棟、樑上都有彩繪裝飾。形容房屋建築富麗堂皇。

【例句】

1. 天壇**畫棟雕樑**，一派皇家氣象。

2. 這座公園裏沒有**畫棟雕樑**的華麗建築，有的只是竹籬茅舍、小橋流水，卻也別具一番情趣。

①也作「雕樑畫棟」。②雕：指有彩繪裝飾。

開卷有益 (开卷有益)

普：	kāi	juàn	yǒu	yì
粵：	hoi¹〔海陰平〕	gyn²〔捲〕	jɐu⁵〔友〕	jik⁷〔億〕

【解釋】

一打開書來讀，就能從中受益。

【例句】

1. 裕民深知**開卷有益**的道理，讀書的熱情很高。

2. 雖說**開卷有益**，但若我們不懂作適當的選擇，也未必能收到預期的效果。

①卷：指書籍。古時候的書是寫在帛或紙上，卷起來保存的。有的書只有一卷，有的書可以有若干卷。「手不釋卷」中的「卷」也是這個意思。②不要把「卷」寫成「券」。

閒情逸致 （閑情逸致）

普： xián　　　qíng　　　yì　　　zhì

粵： han⁴〔閑〕　tsiŋ⁴〔晴〕　jɛt⁹〔日〕　dzi³〔至〕

【解釋】

閒適的心情，安逸的興致。

【例句】

1. 他正忙於準備考試，哪有**閒情逸致**跟你去釣魚呢？

2. 日仁表兄常在業餘時間攀山涉水，如此**閒情逸致**，令人稱羨。

①閒：悠閒，閒適。情：心情。逸：安逸。致：興致，情趣。②不要把「致」寫成「志」。

費盡口舌 (费尽口舌)

普： fèi　　　jìn　　　　　kǒu　　　　shé

粵： fei³〔廢〕　dzœn⁶〔進陽去〕　hɐu²〔侯陰上〕　sit⁸〔洩〕

【解釋】

指說了許許多多話。大多用於解釋、勸說或爭辯。

【例句】

1. 我**費盡口舌**為他分析這方案的優越性，希望他能採納。

2. 大家勸永宏不要去冒這個風險，**費盡口舌**，可是永宏仍是聽不進去。

口舌：指解釋、勸說或爭辯時說的話。

發號施令 (发号施令)

普：	fā	hào	shī	lìng
粵：	fat⁸〔法〕	hou⁶〔浩〕	si¹〔詩〕	liŋ⁶〔另〕

【解釋】

發命令，進行指揮。

【例句】

1. 兩名年輕的交通督導員，能在嚴重擠塞的路面上，敏捷、果斷地**發號施令**，指揮往來車輛，令人留下深刻的印象。

2. 有些人並不明瞭實際情況卻在那裏**發號施令**，這樣做常常會把事情弄糟。

準備！

發、施：發佈。號、令：命令。

發憤圖強 (发愤图强)

普： fā　　　fèn　　　tú　　　qiáng

粵： fat⁸〔法〕　fɐn⁵〔奮〕　tou⁴〔桃〕　kœŋ⁴〔其羊切〕

【解釋】

下決心努力，謀求強盛或進步。

【例句】

1. 古時候越王句踐臥薪嘗膽，**發憤圖強**，終於使越國從戰敗國一躍為強國。

2. 這些年輕人從不服輸，有一股**發憤圖強**的幹勁，實在令人欽佩。

---

① 發憤：決心努力。圖：謀求。② 不要把「憤」寫作「奮」。

絞盡腦汁 （绞尽脑汁）

普： jiǎo　　　 jìn　　　　 nǎo　　　 zhī

粵： gau²〔狡〕　 dzœn⁶〔進陽去〕　 nou⁵〔努〕　 dzɐp⁷〔執〕

【解釋】

形容苦苦思索，費盡腦筋。

【例句】

1. 志宏**絞盡腦汁**，終於把這道複雜的數學題做出來了，心情頓時輕鬆起來。

2. 我出了半副對聯，文字是「月照窗櫺，諸格（葛）亮，孔孔明」，幾位朋友**絞盡腦汁**想了半天，也沒把另外半聯對出來。

絞：擠壓。這裏是用絞腦汁來比喻費心思。

載歌載舞 （載歌載舞）

普： zài　　　　gē　　　　zài　　　　wǔ

粵： dzɔi³〔再〕　gɔ¹〔哥〕　dzɔi³〔再〕　mou⁵〔武〕

【解釋】

又唱歌又跳舞。形容歡樂的場面。

【例句】

1. 聯歡會上人們**載歌載舞**，玩得十分盡興。

2. 在<u>中華民族村</u>裏各族青年**載歌載舞**地歡迎作客嘉賓。

---

①載：又，且。「載……載……」表示兩種動作同時進行。　②不要把這裏的「載」讀成「千載難逢」的「載」。

惹人注目

普： rě　　　rén　　　zhù　　　mù

粵： jɛ⁵〔野〕　jɐn⁴〔仁〕　dzy³〔著〕　muk⁹〔木〕

【解釋】

引起別人注意。

【例句】

1. 在校際文藝匯演中，最**惹人注目**的節目是<u>磐石小學</u>的《黃河大合唱》。

2. <u>小蘭</u>這身打扮十分**惹人注目**，不少同學在背後指指點點。

①也作「引人注目」。②惹：招引。注目：把視線集中在某處。

萬人空巷 (万人空巷)

普： wàn　　　　rén　　　　kōng　　　　xiàng

粵： man⁶〔慢〕　jɐn⁴〔仁〕　huŋ¹〔凶〕　hɔŋ⁶〔項〕

【解釋】

各家各戶的人都從所居住的巷裏走了出來，巷裏空蕩蕩的。形容盛大的活動或新奇的事物把人們都從家裏吸引出來，轟動一時的盛況。

【例句】

1. 賽龍舟那天，江上鑼鼓喧天，兩岸觀者如潮，縣城裏出現了**萬人空巷**的景象。

2. 義勇軍凱旋回城，人們扶老攜幼上街歡迎這支英雄的隊伍，**萬人空巷**，盛況空前。

空巷：巷子裏的人都走了出來，巷子變空了。

萬馬奔騰 （万马奔腾）

普：	wàn	mǎ	bēn	téng
粵：	man⁶〔慢〕	ma⁵〔碼〕	bɐn¹〔賓〕	tɐŋ⁴〔藤〕

【解釋】

千萬匹馬跳躍着奔跑。也用於比喻聲勢浩大。

【例句】

1. 徐悲鴻筆下的駿馬栩栩如生，不由得使人聯想到草原上**萬馬奔騰**的壯觀場面。

2. 黃河咆哮着衝出龍門，其勢如**萬馬奔騰**，不可阻擋。

萬紫千紅 (万紫千红)

普：	wàn	zǐ	qiān	hóng
粵：	man⁶〔慢〕	dzi²〔子〕	tsin¹〔遷〕	huŋ⁴〔洪〕

【解釋】

形容百花齊放，艷麗多姿。也比喻事物豐富多彩。

【例句】

1. 春天裏百花盛開，**萬紫千紅**，好一派勃勃的生機。

2. 現在的電視節目非常豐富，呈現出**萬紫千紅**的景象，滿足了不同觀眾的需要。

勢如破竹 （势如破竹）

普： shì   rú   pò   zhú

粵： sɐi³〔世〕   jy⁴〔余〕   pɔ³〔婆陰去〕   dzuk⁷〔足〕

【解釋】

形勢就像劈竹子一樣，劈開上面幾節以後，底下的順着刀刃就分開了。比喻節節勝利，毫無阻礙。

【例句】

1. 我軍摧毀敵人防線後，**勢如破竹**地向前挺進。
2. 在這次校際排球賽中，我校代表隊**勢如破竹**，所向無敵。

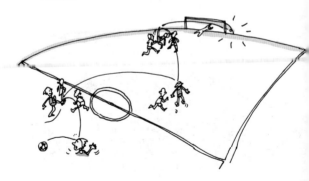

①勢：情勢，形勢。破：剖開，劈開。②不要把這裏的「破」理解為殘破、破爛的意思。

想入非非

普： xiǎng　　　rù　　　　　　fēi　　　　　fēi

粵： sœŋ²〔賞〕　jɐp⁹〔泣陽入〕　fei¹〔飛〕　fei¹〔飛〕

【解釋】

現在多用來指思想脫離實際，幻想根本不能實現的事。

【例句】

1. 小明**想入非非**地希望自己具有一種特異功能，一眼就能看出誰是壞人。

2. 我勸你別**想入非非**了，自己不努力學習和鑽研，卻想在學術上一鳴驚人，那是決不可能的。

非非：原是佛教用語，現在用來比喻不切實際的幻想。

損人利己 (損人利己)

普： sǔn　　　　rén　　　　lì　　　　jǐ

粵： syn²〔選〕　　jɐn⁴〔仁〕　　lei⁶〔莉〕　　gei²〔紀〕

【解釋】

通過損害別人而使自己得到好處。

【例句】

1. **損人利己**是十分可鄙的行為，必然要受到眾人的
   譴責。

2. **損人利己**的人不會有真誠的朋友，人生也不會快
   樂。

①損：損害。「損公肥私」中的「損」也是這個意思。
②不要把「損」寫成「捐」。

搖身一變 (摇身一变)

普：	yáo	shēn	yī	biàn
粵：	jiu⁴〔姚〕	sɐn¹〔辛〕	jɛt⁷〔壹〕	bin³〔邊陰去〕

【解釋】

神怪小說中描寫一些有神通的人一搖晃身子就變成了另外一種模樣。現在也用於形容人改換面目出現。

【例句】

1. 孫悟空**搖身一變**，變為一隻小蟲飛進了芭蕉洞，並巧施計策讓鐵扇公主交出芭蕉扇。

2. 這個劫匪逃到外地，**搖身一變**成了商人，但不久就被警方發現了。

搖搖欲墜 （搖搖欲墜）

普：	yáo	yáo	yù	zhuì
粵：	jiu⁴〔姚〕	jiu⁴〔姚〕	juk⁹〔玉〕	dzœy⁶〔罪〕

【解釋】

形容極不穩固，就要掉下來或垮下來。

【例句】

1. 樹上的鳥巢在暴風雨中**搖搖欲墜**。

2. 十九世紀末，**搖搖欲墜**的清王朝曾把希望寄托在
   變法維新上，然而這場運動很快便夭折了。

---

①搖搖：動搖不穩的樣子。欲：將要。墜：落，掉下。
②不要把「墜」寫成「墮」。

搖頭擺尾 （摇头摆尾）

普：	yáo	tóu	bǎi	wěi
粵：	jiu⁴〔姚〕	tɐu⁴〔投〕	bai²〔敗陰上〕	mei⁵〔美〕

【解釋】

原來形容動物擺動頭尾的樣子。現在也形容人搖頭晃腦，顯出一副得意或輕狂的樣子。

【例句】

1. 獅子踩繡球是最受小朋友歡迎的雜技項目，那些獅子一個個**搖頭擺尾**，十分可愛。

2. 賈五摸彩中了獎，得意忘形，**搖頭擺尾**地向別人吹噓起來。

不要把「擺」寫成「罷」。

頓開茅塞 (顿开茅塞)

普： dùn　　　kāi　　　máo　　　sè

粵： dœn⁶〔鈍〕　hɔi¹〔海陰平〕　mau⁴〔矛〕　sɐk⁷〔沙克切〕

【解釋】

一下子打開了被茅草堵塞的路。比喻因受到啟發，心思一下子開了竅，理解、領悟了某個道理。

【例句】

1. 爸爸的一番指點使小培**頓開茅塞**，明白到忠誠守信是交友之道。

2. 聽了林校長的話，我有**頓開茅塞**的感覺，知道自己常逃避困難是不應該的。

---

①也作「茅塞頓開」。②頓：立刻，一下子。開：打開。茅塞：被茅草所堵塞。原指茅草長滿山間小路，把路都塞住了。用以比喻心思不通。③不要把這裏的「塞」讀成「邊塞」、「塞外」的「塞」。

當頭棒喝 （当头棒喝）

普：	dāng	tóu	bàng	hè

| 粵： | dɔŋ¹〔噹〕 | tɐu⁴〔投〕 | paŋ⁵〔彭陽上〕 | hɔt⁸〔渴〕 |

【解釋】

比喻促使人醒悟的強烈警告。

【例句】

1. 「歷覽前賢國與家，成由勤儉敗由奢。」這句詩對那些愛好揮霍奢華的人，無異是**當頭棒喝**。

2. 宋代的方仲永是個天才少年，最終卻默默無聞。他的故事給那些自以為聰明而不努力學習的人一個**當頭棒喝**。

吸煙減少壽命

「當頭棒喝」原是佛教中事。佛教禪宗接待來學的人，常常用棒當頭虛擊一下或大喝一聲，提出問題，要對方立刻回答，以考驗他對佛理的領悟程度。今多用其比喻義。

賄賂公行 （贿赂公行）

普：	huì	lù	gōng	xíng
粵：	kui²〔繪〕	lou⁶〔路〕	guŋ¹〔工〕	heŋ⁴〔恆〕

【解釋】

公開地進行賄賂。

【例句】

1. 清朝末年，官場腐敗，**賄賂公行**，真是黑暗到了極點。

2. 在一個**賄賂公行**的社會裏，經濟是不可能得到健康發展的。

①賄賂：用財物買通別人。公行：公開進行，毫無顧忌地進行。 ②不要把這裏的「行」讀成「銀行」、「各行各業」的「行」。

鼎鼎大名

普：	dǐng	dǐng	dà	míng
粵：	diŋ² 〔頂〕	diŋ² 〔頂〕	dai⁶ 〔帶 陽去〕	miŋ⁴ 〔明〕

愛因斯坦

【解釋】

形容名聲很大。

【例句】

1. **鼎鼎大名**的牛頓是位受人敬仰的英國物理學家。

2. 北京大學**鼎鼎大名**，進入這所學府學習是哥哥夢寐以求的事。

①也作「大名鼎鼎」。 ②鼎鼎：形容盛大。 ③不要把「鼎鼎」寫成「頂頂」。

愚昧無知 (愚昧无知)

普： yú　　　mèi　　　wú　　　zhī

粵： jy⁴〔如〕　　mui⁶〔妹〕　　mou⁴〔毛〕　　dzi¹〔支〕

【解釋】

缺乏知識，不明事理。

【例句】

1. 1865年北京宣武門外修築的一條鐵路，由於受到一些**愚昧無知**的官員和豪紳的反對，終於被拆毀了。

2. 一個人如果不學習，不願接受新知識，就會變得**愚昧無知**了。

①愚昧：缺乏知識，文化落後。②不要把「昧」寫成或讀成「味」。

過眼雲煙 (过眼云烟)

普： guò   yǎn   yún   yān

粵： gwɔ³〔果陰去〕 ŋan⁵〔顏陽上〕 wɐn⁴〔暈〕 jin¹〔胭〕

【解釋】

從眼前飄過的雲和煙。比喻可以不加理會的身外之物或很快消失的事物。

【例句】

1. 舊日的是非恩怨在他看來已是**過眼雲煙**，不值得再去計較了。

2. 這個當年顯赫一時的人物，**過眼雲煙**似地消失在歷史的舞臺上，再沒有誰提起他了。

也作「過眼煙雲」。

愁眉苦臉 (愁眉苦脸)

普： chóu　　　méi　　　kǔ　　　liǎn

粵： sɐu⁴〔仇〕　mei⁴〔微〕　fu²〔虎〕　lim⁵〔斂〕

【解釋】

皺着眉頭，臉上顯出憂愁苦惱的神色。

【例句】

1. 由於家庭遭受不幸，他終日**愁眉苦臉**，鬱鬱寡
   歡。

2. 聰聰**愁眉苦臉**地對<u>雅文</u>說：「我的借書證不見了，
   該怎麼辦呢？」

傲然屹立

普：	ào	rán	yì	lì
粵：	ŋou⁶〔翱陽去〕	jin⁴〔言〕	ŋɐt⁹〔迄〕	lap⁹〔垃〕

【解釋】

堅定地立着，不可動搖。

【例句】

1. 這幾棵老松樹在寒風中**傲然屹立**，依然是那樣蒼翠挺拔。

2. 守島的戰士**傲然屹立**在高大的礁石上，執行着保衛國土的偉大使命。

①傲然：堅強不屈的樣子。屹立：像山峯那樣高高地立着。②這裏的「傲」不是自以為了不起而看不起別人的意思。③不要把「屹」讀成「乞」。④這條成語可以用於形容人，也可以用於形容山、樹或高大的建築物。

傾盆大雨 （傾盆大雨）

普： qīng　　　　pén　　　dà　　　yǔ

粵： kiŋ¹〔頃陰平〕 pun⁴〔盤〕 dai⁶〔帶陽去〕 jy⁵〔語〕

【解釋】

形容雨很大，好像從盆裏一下子倒出來似的。

【例句】

1. 我走到半路，一陣**傾盆大雨**從天而降，把我澆得渾身濕透。

2. 颱風來了，風勢很猛，又下起**傾盆大雨**，路上沒有行人，學校也停課了。

①傾：使器物翻轉或歪斜，把裏面的東西全倒出來。「傾箱倒篋」中的「傾」也是這個意思。② 不要把「傾」寫成「頃」。

微不足道

普： wēi　　　bù　　　zú　　　dào

粵： mei⁴〔眉〕　　beʔ⁷〔筆〕　　dzuk⁷〔竹〕　　dou⁶〔杜〕

【解釋】

很微小，不值得一說。

【例句】

1. 不能把隨手亂丟垃圾看成是**微不足道**的小事，如果沒有一個整潔的環境，又哪裏談得上這是個文明的社會呢？

2. 這點經濟損失對公司來說雖然**微不足道**，但卻充分暴露了管理上的漏洞。

> 不足：不值得。「不足為奇」、「不足掛齒」中的「不足」也是這個意思。道：說。

飽經風霜 (饱经风霜)

普：	bǎo	jīng	fēng	shuāng

粵：	bau²〔包陰上〕	giŋ¹〔京〕	fuŋ¹〔封〕	sœŋ¹〔商〕

【解釋】

經受過許多風吹霜打。也用於形容人經受過許多艱難困苦的磨練。

【例句】

1. 這座古老的宅院有兩百多年歷史，**飽經風霜**，能保存至今已經很不容易了。

2. 他是一位**飽經風霜**的政治家，有着豐富的從政經驗。

①飽：足足地，充分地。經：經受。風霜：指自然界的風吹霜打。也比喻生活中的艱難挫折。②這條成語可以用於形容物，也可以用於形容人。

腳踏實地 (脚踏实地)

普： jiǎo tà shí dì

粵： gœk⁸〔哥約切中入〕 dap⁹〔沓〕 sɐt⁹〔失陽入〕 dei⁶〔杜利切〕

【解釋】

形容工作或學習踏實認真。

【例句】

1. 他做事**腳踏實地**，從不投機取巧，是可以讓人放心的。

2. 你要做一個**腳踏實地**的人，打好知識基礎。

詭計多端 (诡计多端)

普： guǐ　　　jì　　　duō　　　duān

粵： gwei²〔鬼〕　gei³〔繼〕　dɔ¹〔躲陰平〕　dyn¹〔短陰平〕

【解釋】

奸詐狡猾的主意非常多。

【例句】

1. **詭計多端**的狐狸利用老虎威嚇百獸，人們從中歸納出「狐假虎威」這條成語。

2. 壞人**詭計多端**，我們千萬要小心，免得上當。

> 詭：奸詐、狡猾。計：計謀、主意。端：門類、方面。
> 多端：多方面、多種多樣。「變化多端」中的「多端」也是這個意思。

遊手好閒 （游手好闲）

普： yóu　　　　shǒu　　　　hào　　　　xián

粵： jɐu⁴〔由〕　　sɐu²〔首〕　　hou³〔耗〕　　han⁴〔閑〕

【解釋】

遊蕩懶散，貪圖安逸，不事生產。

【例句】

1. 在一間管理嚴格的公司裏，**遊手好閒**的人是難以立足的。

2. 周老伯告誡阿登說：「你再這樣**遊手好閒**下去，會毀掉你的前程，快幹點正經事吧！」

①遊手：閒逛不務正業。好：喜愛。「葉公好龍」、「好逸惡勞」中的「好」也是這個意思。②不要把這裏的「好」讀成「好像」、「良好」的「好」。

意味深長 （意味深长）

普： yì　　　　wèi　　　　shēn　　　　cháng

粵： ji³〔衣 陰去〕　mei⁶〔未〕　sɐm¹〔心〕　tsœŋ⁴〔祥〕

【解釋】

含意深刻，耐人尋味。

【例句】

1. 中國古代不少格言警句**意味深長**，含有豐富的人生哲理。

2. 林校長這番**意味深長**的話，牢牢印在每個畢業同學的心裏。

意味：含蓄的意思。

意氣相投 (意气相投)

普： yì　　　　qì　　　　xiāng　　　　tóu

粵： ji³〔衣陰去〕　hei³〔器〕　sœŋ¹〔商〕　tɐu⁴〔頭〕

【解釋】

彼此志趣、性格相近，很合得來。

【例句】

1. 明華與國輝均愛設計電腦程式，是一對**意氣相投**
   的朋友。

2. 王辰和秦仲福**意氣相投**，多年來一直合作愉快。

意氣：志趣、性格。注意這裏的「意氣」和「意氣風發」中
的「意氣」意思有區別。投：投合，合得來。「情投意合」
中的「投」也是這個意思。

意氣風發 (意气风发)

普： yì   qì   fēng   fā

粵： ji³〔衣陰去〕 hei³〔器〕 fuŋ¹〔封〕 fat⁸〔法〕

【解釋】

形容精神振奮，氣概昂揚。

【例句】

1. 運動員們**意氣風發**地列隊進入運動場，全場觀眾報以熱烈的掌聲。

2. 謝宗源**意氣風發**，對他的事業前途充滿信心。

---

①意氣：精神氣概。風發：像風興起一樣。比喻奮發昂揚。②不要把「意」寫成「義」。

義無反顧 (义无反顾)

普： yì　　　wú　　　fǎn　　　gù

粵： ji⁶〔二〕　mou⁴〔毛〕　fan²〔返〕　gu³〔故〕

【解釋】

在道義上只能勇往直前，絕對不能徘徊退縮。

【例句】

1. 克求里斯在降魔伏妖的道路上**義無反顧**，決心為人們的幸福和快樂奮鬥終身。

2. 為了保家衛國，無數熱血青年**義無反顧**地奔赴抗敵前線。

義：正義，道義。「義不容辭」中的「義」也是這個意思。反顧：回頭看。形容猶豫徘徊，不敢向前。

義憤填膺 (义愤填膺)

普: yì　　　　fèn　　　　tián　　　　yīng

粵: ji⁶〔二〕　　fɐn⁵〔奮〕　　tin⁴〔田〕　　jiŋ¹〔英〕

【解釋】

胸中對非正義行為充滿憤怒。

【例句】

1. 義軍首領<u>耿京</u>被暗殺後，<u>辛棄疾</u>**義憤填膺**，決心
   為<u>耿京</u>報仇。

2. 幾位死裏逃生的村民**義憤填膺**地向人們控訴匪徒
   的罪行。

①膺：胸膛。填膺：充滿胸膛。②不要把「膺」寫成「鷹」
或「應」。

煙消雲散 (烟消云散)

普： yān　　　xiāo　　　yún　　　sàn

粵： jin¹〔胭〕　siu¹〔燒〕　wɛn⁴〔暈〕　san³〔傘〕

【解釋】

像煙、雲消散一樣。比喻消失得乾乾淨淨。大多用於抽象的事物。

【例句】

1. 經過坦率認真的交談，他們兩人間的誤會終於**煙消雲散**。

2. 媽媽病癒了，全家人的愁容隨即**煙消雲散**，家裏又回復了往日的歡樂氣氛。

煥然一新 （煥然一新）

普： huàn　　　　rán　　　　yī　　　　xīn

粵： wun⁶〔換〕　　jin⁴〔言〕　　jɐt⁷〔壹〕　　sɐn¹〔申〕

【解釋】

發出光彩，呈現出嶄新的面貌或氣象。

【例句】

1. 房屋經過裝修粉刷，已經**煥然**一**新**了。

2. 由於全體同學的努力，六年甲班的面貌**煥然一新**，成了全年級的模範班。

①煥然：有光彩的樣子。一：全。一新：完全變成新的。「面目一新」中的「一新」也是這個意思。②不要把「煥」寫成「換」。

源源不斷 (源源不斷)

普： yuán　　　yuán　　　bù　　　duàn

粵： jyn⁴〔元〕　jyn⁴〔元〕　bɐt⁷〔筆〕　dyn⁶〔段〕

【解釋】

連續不間斷。

【例句】

1. 清潔的自來水通過管道**源源不斷**地送入千家萬戶。

2. <u>武漢</u>的交通發達，各地運往<u>武漢</u>的貨物**源源不斷**，那裏的商業活動十分繁忙。

①也作「源源不絕」。②源源：水流不斷的樣子。也形容連續不斷。

源遠流長 （源远流长）

普：	yuán	yuǎn	liú	cháng
粵：	jyn⁴〔元〕	jyn⁵〔軟〕	lɐu⁴〔留〕	tsœŋ⁴〔祥〕

【解釋】

河流的源頭很遠，水流很長。比喻歷史悠久。

【例句】

1. 中國的玉雕工藝**源遠流長**，留下了許多精美絕倫的珍品。

2. 我們兩國人民的友誼**源遠流長**，今天又得到了新的發展。

滔滔不絕 (滔滔不绝)

普： tāo　　　　tāo　　　　bù　　　　jué

粵： tou¹〔韜〕　tou¹〔韜〕　bɐt⁷〔筆〕　dzyt⁹〔拙陽入〕

【解釋】

原指河水不停地奔流。現在常用於形容話很多，說個不停，十分流暢。

【例句】

1. 惠民在辯論中口若懸河，**滔滔不絕**，誰也比不上他的口才。

2. 永軒一回家，就向妹妹**滔滔不絕**地訴說旅途中的見聞，引得妹妹下次非要跟他一起去旅遊不可。

---

①滔滔：流水滾滾的樣子。絕：斷絕。②不要把「滔」寫成「濤」。

滄海桑田 （沧海桑田）

普：	cāng	hǎi	sāng	tián

粵：	tsɔŋ¹〔蒼〕	hɔi²〔凱〕	sɔŋ¹〔喪陰平〕	tin⁴〔填〕

【解釋】

大海變成農田，農田變成大海。比喻世事變化很大。

【例句】

1. 香港從一個小漁村發展成現代化的大都市，可真是一種**滄海桑田**的變化。

2. 幾十年來**滄海桑田**，故鄉的變化巨大，祖父對此感觸很深。

> ①滄海：大海。因為水深，海水呈現青綠色，所以稱「滄海」。「滄」指(水)青綠色。「滄海一粟」、「滄海橫流」中的「滄海」也是這個意思。桑田：泛指農田。②不要把「滄」寫成「蒼」或「倉」。

塞翁失馬 (塞翁失马)

普： sài　　　　wēng　　　　shī　　　　mǎ

粵： tsɔi³〔菜〕　juŋ¹〔雍〕　sɐt⁷〔室〕　ma⁵〔碼〕

【解釋】

比喻雖然暫時受到一些損失，後來卻因此而得到好處；壞事在一定條件下可以轉化為好事。

【例句】

1. 永明早年體弱多病，於是發憤鑽研醫理，終於成為名醫，並享有高壽。說到永明的學醫經歷，人們常有一種**塞翁失馬**的感慨。

2. **塞翁失馬**，安知非福。遭受挫折固然令人痛心，但如果能從中吸取教訓，它也許就是成功的開始。

①塞：邊塞，邊境地區。翁：年老的男子。②不要把這裏的「塞」讀成「瓶塞」的「塞」或「頓開茅塞」的「塞」。③它有時與「安知非福」（怎麼知道不是好事）連用。④這條成語源於《淮南子·人間訓》中的一則記載。據說北方邊境地區有個人的馬無緣無故跑到胡地去了，別人都來安慰他，這個人的父親卻說：「這怎麼就不能是一件好事呢？」過了幾個月，這匹跑丟了的馬果然回來了，還帶回了胡地的好馬。

禍從口出 （禍从口出）

普： huò　　　cóng　　　kǒu　　　chū

粵： wɔ⁶〔和陽去〕　tsuŋ⁴〔蟲〕　hɐu²〔侯陰上〕　tsœt⁷〔齣〕

【解釋】

禍患從口裏產生。指由於說話不謹慎而帶來禍患。

【例句】

1. 我們不要在背後議論別人的隱私，要知道**禍從口出**，等惹出了事，後悔就晚了。

2. 生活中「**禍從口出**」的教訓很多，我們說話能不慎重嗎？

羣策羣力

普： qún　　　　cè　　　　qún　　　　lì

粵： kwɐn⁴〔裙〕　tsak⁸〔冊〕　kwɐn⁴〔裙〕　lik⁹〔歷〕

【解釋】

大家一起想辦法，一起出力。

【例句】

1. 如果不是**羣策羣力**，而只靠少數幾個人去辦，這件事也許就辦不成了。

2. 全班同學**羣策羣力**地把新年晚會的會場佈置得五彩繽紛，受到校長和老師的誇獎。

策：計謀，辦法。

裝模作樣 (裝模作样)

普： zhuāng　　mú　　zuò　　yàng

粵： dzɔŋ¹〔莊〕　mou⁴〔毛〕　dzɔk⁸〔昨中入〕　jœŋ⁶〔讓〕

【解釋】

故意做出某種樣子來給人看。

【例句】

1. 他**裝模作樣**地在研討會上侃侃而談，讓人覺得好像挺有學問似的。

2. 為了迷惑敵人，志宏不得不**裝模作樣**，把自己的真實身份掩飾起來。

> 模、樣：樣子，姿態。

隔岸觀火 (隔岸观火)

普： gé　　　　àn　　　　guān　　　　huǒ

粵： gak⁸〔格〕　ŋɔn⁶〔餓汗切〕　gun¹〔官〕　fɔ²〔夥〕

【解釋】

隔着河岸觀看別人家裏失火。比喻見人有危難不去救
助而在一旁看熱鬧。

【例句】

1. 華東水災，香港人沒有**隔岸觀火**，紛紛慷慨解
   囊，幫助同胞重建家園。

2. 作為**慶生**的朋友，你竟在他有難時採取**隔岸觀火**
   的態度，實在太不像話了。

聚精會神 (聚精会神)

普： jù　　　　　jīng　　　　　huì　　　　　shén

粵： dzœy⁶〔序〕　　dziŋ¹〔晶〕　　wui⁶〔匯〕　　sɐn⁴〔晨〕

【解釋】

精神高度集中，非常專心。

【例句】

1. <u>捷超</u>正在屋裏**聚精會神**地看書，忽然聽見屋外有人高聲喊他。

2. 哥哥下棋的時候**聚精會神**，電視裏正在播放甚麼節目，他根本沒有注意。

①聚：聚集。會：合在一起。②「聚精會神」原指把大家的精神智慧聚合在一起，但這個含義在現代漢語裏已經不再使用了。

夢寐以求 （梦寐以求）

普： mèng   mèi   yǐ   qiú

粵： muŋ⁶〔蒙陽去〕   mei⁶〔味〕   ji⁵〔耳〕   kɐu⁴〔球〕

【解釋】

睡夢中都在追求着它。形容期待某種願望實現的心情
十分強烈迫切。

【例句】

1. 能夠進入這所著名的大學讀書深造，是許多中學
   畢業生**夢寐以求**的事。

2. 伯父離開<u>香港</u>十多年了，他**夢寐以求**希望回到這
   片土地上，看一看她滄海桑田的變化。

> 寐：睡覺。「夙興夜寐」中的「寐」也是這個意思。

蒸蒸日上

普： zhēng　　zhēng　　rì　　shàng

粵： dziŋ¹〔晶〕　dziŋ¹〔晶〕　jɐt⁹〔逸〕　sœŋ⁵〔尚陽上〕

【解釋】

一天天向上發展。

【例句】

1. 隨着本地經濟**蒸蒸日上**地發展，市民的生活也有了很大改善。

2. 這兩年商會邵會長聲望**蒸蒸日上**，備受矚目。

蒸蒸：熱氣升騰的樣子。這裏形容上升的勢頭很盛。
日：一天天地。上：向上發展。

熙來攘往 (熙来攘往)

普： xī　　　lái　　　rǎng　　　wǎng

粵： hei¹〔希〕　lɔi⁴〔萊〕　jœŋ⁶〔讓〕　wɔŋ⁵〔王陽上〕

【解釋】

形容人來人往，非常熱鬧。

【例句】

1. 新年時節到處都是**熙來攘往**的人羣，好不熱鬧。

2. 北京的王府井是有名的商業區，街上行人**熙來攘往**，各家商店顧客盈門。

與它相聯繫的另一條成語是「熙熙攘攘」，二者含義相近，但「熙熙攘攘」的後面可以承接表示行動的詞語，而「熙來攘往」的後面不能再接這類語詞，因為它在字面上已經表明是「來」、「往」了。

熙熙攘攘

普： xī　　　　xī　　　　rǎng　　　　rǎng

粵： hei¹〔希〕　hei¹〔希〕　jœŋ⁶〔讓〕　jœŋ⁶〔讓〕

【解釋】

形容人來來往往的熱鬧景象。

【例句】

1. 在首都機場**熙熙攘攘**的旅客中，這位身高 2 米多的籃球運動員格外引人注目。

2. 人羣**熙熙攘攘**地擁進這家新開張的百貨公司，每一個櫃臺前都擠滿了人。

熙熙：歡樂的樣子。攘攘：紛亂的樣子。

輕而易舉 (轻而易举)

普： qīng　　　　ér　　　　yì　　　　jǔ

粵： hiŋ¹〔兄〕　　ji⁴〔兒〕　　ji⁶〔二〕　　gœy²〔矩〕

【解釋】

形容事情做起來很容易，毫不費力。

【例句】

1. 現在正是旅遊旺季，飛機票很緊張，<u>立羣</u>卻**輕而易舉**地為我們買到兩張，真是神通廣大。

2. 你不要把這件事看得**輕而易舉**，真想辦好，還是要花費很大氣力的。

---

①易：容易。舉：向上托。②這條成語原意是指東西份量輕，容易舉起來。現在一般用它的引申義。

輕描淡寫 (轻描淡写)

普： qīng　　　miáo　　　dàn　　　xiě

粵： hiŋ¹〔兄〕　miu⁴〔苗〕　dam⁶〔氮〕　sɛ²〔捨〕

【解釋】

原指繪畫時用淺淡的顏色輕輕描繪。今多比喻敘述、描寫着力不多，或對重要的內容輕輕帶過。

【例句】

1. 說到事情關鍵處，潔明竟**輕描淡寫**地帶過去，大家都很不滿意。

2. 你對小慧不做作業的批評過於**輕描淡寫**，沒有引起他的重視，最近他這個老毛病又犯了。

不要把「淡」寫成或讀成「談」。

對症下藥 (对症下药)

普： duì　　　zhèng　　　xià　　　yào

粵： dœy³〔兌〕　dziŋ³〔政〕　ha⁶〔夏〕　jœk⁹〔若〕

【解釋】

針對病情用藥。也比喻針對實際情況採取有效措施。

【例句】

1. 為了能**對症下藥**，醫生不僅要了解病情，還要弄清藥性和藥效。

2. 陳老師找到了<u>小明</u>學習退步的原因，就**對症下藥**地幫助他。

症：病情。下藥：用藥。

暢所欲言 （暢所欲言）

普： chàng　　　　suǒ　　　　yù　　　　yán

粵： tsœŋ³〔唱〕　　sɔ²〔鎖〕　　juk⁹〔玉〕　　jin⁴〔然〕

【解釋】

盡情地把想說的話都說出來。

【例句】

1. 在老師召開的座談會上，同學都**暢所欲言**地發表對校政的意見。

2. 陸經理希望每位員工都**暢所欲言**，為改善公司經營狀況獻計獻策。

> 暢：痛快，盡情。這裏指盡情地說出。欲：想要，希望。言：說。所欲言：想說的話。

圖文並茂 （图文并茂）

普：	tú	wén	bìng	mào
粵：	tou⁴〔桃〕	mɛn⁴〔民〕	biŋ⁶〔兵陽去〕	mɛu⁶〔貿〕

【解釋】

形容書籍的插圖和文字內容都很精美豐富。

【例句】

1. 叔叔送給婉美一套**圖文並茂**的民間傳說故事書，婉美愛不釋手。

2. 為小學生編寫的書應該淺顯易懂，**圖文並茂**，以適應他們的接受能力和閱讀習慣。

並：都。茂：豐富精美。

稱心如意 （称心如意）

普： chèn　　　xīn　　　rú　　　yì

粵： tsiŋ³〔秤〕　　sɛm¹〔深〕　　jy⁴〔余〕　　ji³〔衣陰去〕

【解釋】

完全合乎心意。

【例句】

1. 錢先生又矮又胖，很難買到一件**稱心如意**的衣服。

2. 為了把新居佈置得讓爸爸**稱心如意**，兒女們可沒少費心思。

---

①也作「趁心如意」。②稱：適合。稱心：符合心願，滿足心願。如：符合。如意：符合心意。③不要把這裏的「稱」讀成「稱呼」、「稱讚」的「稱」。

與世長辭 （与世长辞）

普： yǔ　　　shì　　　cháng　　　cí

粵： jy⁵〔雨〕　sɐi³〔細〕　tsœŋ⁴〔祥〕　tsi⁴〔池〕

【解釋】

跟人世永遠告別了。這是對人去世的一種委婉說法。

【例句】

1. 1936年10月19日著名文學家魯迅先生**與世長辭**了。

2. 達芬奇**與世長辭**四百多年了，但人們至今依然對他滿心仰慕。

辭：告別。

銅筋鐵骨 (铜筋铁骨)

普： tóng　　jīn　　tiě　　gǔ

粵： tuŋ⁴〔同〕　gɛn¹〔斤〕　tit⁸〔提歇切〕　gwɛt⁷〔橘〕

【解釋】

筋骨像銅打鐵鑄的一樣。形容身體十分健壯結實。

【例句】

1. 那位好漢**銅筋鐵骨**，武藝高強，行俠仗義，遠近
   聞名。

2. 有亮練得一身**銅筋鐵骨**，渾身有使不完的勁。

①也作「鋼筋鐵骨」。②筋：指肌肉。筋骨：泛指體格。

疑神疑鬼

普： yí　　　shén　　　yí　　　guǐ

粵： ji⁴〔而〕　　sɐn⁴〔晨〕　　ji⁴〔而〕　　gwɐi²〔軌〕

【解釋】

形容多疑，胡亂猜疑。

【例句】

1. 他近來**疑神疑鬼**，總覺得周圍有人對他不懷好意，想要暗中誣害他，弄得他很緊張。

2. 楊嬸的貓不見了，她**疑神疑鬼**，不是懷疑東家就是猜測西家，差點兒鬧得鄰里不和。

語重心長 (语重心长)

普：	yǔ	zhòng	xīn	cháng
粵：	jy⁵〔雨〕	tsuŋ⁵〔蟲陽上〕	sɐm¹〔深〕	tsœŋ⁴〔祥〕

【解釋】

言辭誠懇有分量，情意深長。

【例句】

1. 邵老師**語重心長**地希望我們珍惜每分每秒，好好學習，將來擔負起建設國家的重任。

2. 爸爸向弟弟解釋說謊的壞處，**語重心長**，弟弟聽後決心要改掉這個惡習。

①重：有分量。心：心意，情意。②不要把這裏的「重」讀成「重複」、「重新」的「重」，也不要把「長」寫成「常」。③這條成語大多用於長輩對晚輩的教誨。

誤入歧途 (误入歧途)

普：	wù	rù	qí	tú
粵：	ŋ⁶〔悟〕	jɐp⁹〔泣陽入〕	kei⁴〔其〕	tou⁴〔逃〕

【解釋】

由於受迷惑而走上了錯誤的道路。

【例句】

1. 這個少年誤入歧途，使親友們深感痛心。

2. 誤入歧途的人只要迷途知返，大家還是會對他表示歡迎的。

①誤：受迷惑。歧途：從大路上分出來的小路。比喻錯誤的道路，邪路。②不要把「歧」寫成「岐」。

旗鼓相當 （旗鼓相当）

普：	qí	gǔ	xiāng	dāng
粵：	kei⁴〔其〕	gu²〔古〕	sœŋ¹〔商〕	dɔŋ¹〔噹〕

【解釋】

比喻雙方實力不相上下。

【例句】

1. 這兩支**旗鼓相當**的甲級籃球隊今晚相遇，看來是要決一雌雄了。

2. 廖教授和吳先生的學術造詣**旗鼓相當**，他們在青年中都頗有威望。

①旗：軍旗。鼓：戰鼓。旗鼓為古代軍隊作戰時所用，所以這成語原指兩軍相對，現在則一般用它的比喻義。
②不要把這裏的「當」讀成「恰當」、「直截了當」的「當」。

齊心合力 (齐心合力)

普： qí　　　　xīn　　　　hé　　　　lì

粵： tsɐi⁴〔妻陽平〕　　sɐm¹〔深〕　　hɐp⁹〔盒〕　　lik⁹〔歷〕

【解釋】

心往一處想，力量往一處用。

【例句】

1. 只要大家**齊心合力**去做，就一定能成功。

2. 同學們**齊心合力**，把班中的科學角和圖書角佈置得煥然一新。

也作「齊心協力」。協力：共同努力。

慢條斯理 (慢条斯理)

普： màn　　　　tiáo　　　　sī　　　　lǐ

粵： man⁶〔萬〕　　tiu⁴〔迢〕　　si¹〔司〕　　lei⁵〔里〕

【解釋】

形容說話、做事慢慢騰騰。也形容不慌不忙。

【例句】

1. 上課時間快到了，阿德還在家裏**慢條斯理**地收拾書包，真把人急死了。

2. 小朋友們圍着老伯伯，急着想知道故事的結局，老伯伯卻**慢條斯理**地說了句「欲知後事如何，且聽下回分解」，就再也不說下去了。

慷慨解囊

普：	kāng	kǎi	jiě	náng
粵：	hɔŋ²〔康陰上〕	kɔi³〔丐〕	gai²〔佳陰上〕	nɔŋ⁴〔瓤〕

【解釋】

非常大方地拿出錢財來（幫助別人）。

【例句】

1. 承蒙林先生**慷慨解囊**，世輝終於湊齊留學的經費。

2. 華南水災災民對救助災區而**慷慨解囊**的海內外朋友，深表謝意。

慷慨：大方，不吝嗇。囊：口袋。解囊：解開口袋。指拿出錢財來（幫助別人）。

精明強幹 (精明强干)

普： jīng　　　míng　　　qiáng　　　gàn

粵： dziŋ¹〔晶〕　miŋ⁴〔名〕　kœŋ⁴〔其羊切〕　gɔn³〔肝陰去〕

【解釋】

機靈聰明，辦事能力很強。

【例句】

1. 姚先生得到一位**精明強幹**的助手後，如虎添翼。

2. 這位新同事**精明強幹**，沒過多久就能在工作上獨當一面了。

精明：機靈聰明。強幹：非常能幹，善於辦事。

精神抖擻 （精神抖擻）

普：	jīng	shén	dǒu	sǒu
粵：	dziŋ¹〔晶〕	sɐn⁴〔晨〕	dɐu²〔陡〕	sɐu²〔首〕

【解釋】

精神旺盛，情緒高漲。

【例句】

1. 昨天我加入男童軍，今天便**精神抖擻**地出席了宣誓儀式。

2. 場上的運動員個個**精神抖擻**，充滿朝氣。

①抖擻：振作。②不要把「擻」寫成或讀成「數」。

滿載而歸 (满载而归)

普：	mǎn	zài	ér	guī
粵：	mun⁵〔門〕	dzɔi³〔再〕	ji⁴〔兒〕	gwɐi¹〔龜〕

【解釋】

裝滿了東西回來。形容收穫極豐富。

【例句】

1. 這些從商店**滿載而歸**的外國遊客，臉上都露出滿意的笑容。

2. 同學們到郊外採集植物標本，在老師的指導下，一個個都**滿載而歸**。

---

①載：裝載。②不要把這裏的「載」讀成「一年半載」的「載」。③不要把「載」寫成「戴」。

漫不經心 （漫不经心）

普： màn　　　　bù　　　　jīng　　　　xīn

粵： man⁶〔慢〕　bɐt⁷〔筆〕　giŋ¹〔京〕　sɐm¹〔深〕

【解釋】

隨隨便便，不放在心上。

【例句】

1. 姐姐收到雜誌後**漫不經心**地隨手一放，事後卻怎麼也想不起放在哪裏了。

2. 他和<u>阿彬</u>交談時**漫不經心**，根本沒有聽進<u>阿彬</u>的話。

①漫：隨便。經心：在意，留心。②不要把「漫」寫成「慢」。

滾滾而來 (滾滾而来)

普： gǔn　　　　gǔn　　　　ér　　　lái

粵： gwen²〔君陰上〕　gwen²〔君陰上〕　ji⁴〔兒〕　lɔi⁴〔萊〕

【解釋】

形容急速地不斷前來。

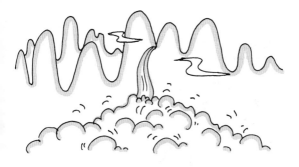

【例句】

1. **滾滾而來**的<u>長江</u>水，蘊藏着豐富的水力資源。

2. 各嗇鬼做夢也想着財富能**滾滾而來**。

滴水穿石

普： dī　　　shuǐ　　　chuān　　　shí

粵： dik⁹〔敵〕　sœy²〔雖陰上〕　tsyn¹〔川〕　sɛk⁹〔碩〕

【解釋】

水不停地往下滴，年深日久，能把下面的石頭滴穿。
比喻只要有恆心，堅持不懈，事情就能成功。

【例句】

1. 「**滴水穿石**」這句話告訴我們，要辦成一件事，決心
   和毅力是非常重要的。

2. 偉國發揚**滴水穿石**的精神，刻苦學習，終於從一
   個對電腦一竅不通的門外漢變成了這一行的專
   家。

也作「水滴石穿」。

盡善盡美 (尽善尽美)

普： jìn   shàn   jìn   měi

粵： dzœn⁶〔進陽去〕 sin⁶〔羨〕 dzœn⁶〔進陽去〕 mei⁵〔尾〕

【解釋】

完美到了極點。

【例句】

1. <u>建東</u>總想把事情做得**盡善盡美**，但有時難免力不從心。

2. 他的小提琴演奏儘管還沒有達到**盡善盡美**的境界，但也足以令人很陶醉了。

盡：表示達到極端。善：完善，好。美：完美。這條成語原是對樂曲的評價，現在也用於其他事物。

聞過則喜 (闻过则喜)

普： wén　　　　guò　　　　zé　　　　xǐ

粵： mɛn⁴〔文〕　gwɔ³〔果 陰去〕　dzɛk⁷〔側〕　hei²〔起〕

【解釋】

聽到別人指出自己的過錯就感到高興。形容人虛心、樂於接受批評，改正過錯。

【例句】

1. 一個人若有**聞過則喜**的胸懷，就一定能獲得更快的進步。

2. 古時候孔子的學生子路能**聞過則喜**，因而受到很多人的稱讚。

> 聞：聽見。過：過失，錯誤。則：就。

熱淚盈眶 （热泪盈眶）

普： rè　　　　lèi　　　　yíng　　　　kuàng

粵： jit⁹〔移列切〕　loey⁶〔類〕　jiŋ⁴〔仍〕　hɔŋ¹〔康〕

【解釋】

形容非常激動，眼眶裏滿是淚水。

【例句】

1. 聽了傷殘人士自強不息的奮鬥事跡，我們都感動得**熱淚盈眶**。

2. 說起鄰居叔叔阿姨多年來對他們的悉心照顧，這幾個孤兒都**熱淚盈眶**，感激之情溢於言表。

盈：充滿。

歎為觀止 （叹为观止）

普： tàn　　　wéi　　　guān　　　zhǐ

粵： tan³〔炭〕　wɐi⁴〔為〕　gun¹〔官〕　dzi²〔紙〕

【解釋】

讚美所見的事物好到了極點。

【例句】

1. 安徽黃山的奇妙景色令遊客**歎為觀止**。

2. 欣賞過仿唐樂舞的人無不有**歎為觀止**之感。

①歎：讚歎，稱讚。為：認為。觀止：看到這裏就夠了。形容好到了極點。②不要把這裏的「為」讀成「為甚麼」的「為」。③這條成語源於《左傳‧襄公二十九年》。吳國的季札到魯國出使，觀賞樂舞，當看到帝舜時代的樂舞時，他讚美說：「觀止矣！若有他樂，吾不敢請已。」意思是說，看到這裏已經夠了，如果還有別的樂舞，也不必看了。

敷衍塞責 (敷衍塞责)

普： fū　　　yǎn　　　sè　　　zé

粵： fu¹〔呼〕　jin²〔演〕　sɐk⁷〔沙克切〕　dzak⁸〔窄〕

【解釋】

對工作不負責任，馬虎應付。

【例句】

1. 在華隆公司裏見不到**敷衍塞責**的現象，大家對工作都很盡心盡職。

2. 如果你再這樣**敷衍塞責**，今後恐怕很難繼續受到聘用了。

①敷衍：做事不認真，只作表面上的應付。「敷衍了事」中的「敷衍」也是這個意思。塞責：搪塞責任，對自己應負的責任隨便應付一下就算完事。②不要把這裏的「塞」讀成「邊塞」、「塞翁失馬」的「塞」。

憂國憂民 (忧国忧民)

普： yōu　　　　guó　　　　yōu　　　　mín

粵： jɐu¹〔休〕　gwɔk⁸〔郭〕　jɐu¹〔休〕　mɐn⁴〔文〕

【解釋】

憂慮國家的前途和人民的命運。

【例句】

1. 「詩聖」杜甫的許多詩篇都能強烈反映出他**憂國憂民**的情懷。

2. 面對日寇入侵，這羣青年學生無不**憂國憂民**，紛紛投身到抗日救亡的運動中來。

震天動地 (震天动地)

普： zhèn　　　tiān　　　dòng　　　dì

粵： dzɐn³〔振〕　tin¹〔田陰平〕　duŋ⁶〔洞〕　dei⁶〔杜利切〕

【解釋】

震動了天地。形容聲音、聲勢等極大，使人震驚。

【例句】

1. 街上傳來**震天動地**的鑼鼓聲，<u>小明</u>推窗一看，原來舞獅表演開始了。

2. 山洪爆發，**震天動地**，它沖毀了橋樑、道路，造成巨大損失。

①也作「震天撼地」。②不要把「震」寫成「振」。

鴉雀無聲 (鸦雀无声)

普： yā　　　què　　　wú　　　shēng

粵： a¹〔丫〕　　dzœk⁸〔爵〕　　mou⁴〔毛〕　　siŋ¹〔升〕

【解釋】

連烏鴉和麻雀的聲音也沒有。形容非常安靜。它一般用於人羣或人多的場所。

【例句】

1. 考場裏**鴉雀無聲**，同學們都在全神貫注地做試題。

2. 鈴聲響過，觀眾席頓時變得**鴉雀無聲**，大家把目光移向舞臺——演出開始了。

賞心樂事 （赏心乐事）

普： shǎng　　　xīn　　　lè　　　shì

粵： sœŋ²〔想〕　　sɐm¹〔深〕　　lɔk⁹〔落〕　　si⁶〔是〕

【解釋】

歡暢的心情和快樂的事。現在一般指能使人心情歡暢的高興事。

【例句】

1. 在天高氣爽的秋日到西郊香山觀賞紅葉，真是一件**賞心樂事**。

2. 關華約我們幾位朋友晚上去欣賞中央樂團的音樂會，對於這一**賞心樂事**，我們都很樂意出席。

暴殄天物

普： bào   tiǎn   tiān   wù

粵： bou⁶〔步〕   tin⁵〔田陽上〕   tin¹〔田陰平〕   mɛt⁹〔勿〕

【解釋】

殘害乃至滅絕自然界的動植物。現在一般用來指任意糟蹋東西，不知愛惜。

【例句】

1. 浪費大自然的資源是在**暴殄天物**，令人難以容忍。

2. 「一粥一飯，當思來處不易」。糟蹋糧食是**暴殄天物**的行為，我們每一個人都應該起來制止。

---

①暴：損害，糟蹋。殄：滅絕。天物：自然界天生的東西。②不要把這裏的「暴」理解為兇狠的意思。③ 不要把「殄」寫成或讀成「珍」。

價值連城 （价值连城）

普： jià　　　zhí　　　lián　　　chéng

粵： ga³〔嫁〕　dzik⁹〔直〕　lin⁴〔憐〕　sin⁴〔乘〕

【解釋】

形容某種物品非常珍貴，價值極高。

【例句】

1. 法國羅浮宮裏收藏有許多**價值連城**的藝術品，吸引了世界各地無數的參觀者。

2. 這些一千多年前的漢代簡牘文書保存了珍貴的史料，**價值連城**，出土於中國河西走廊地區。

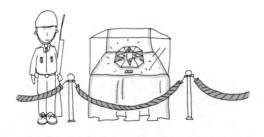

①價：價格。值：物和價相當。連城：連成一片的許多城市。②這條成語源於《史記‧廉頗藺相如列傳》中的一則記載。戰國時趙王得到一塊極為珍貴的和氏玉璧，秦王聽説後向趙王表示，願意用十五座城來換取這塊玉璧。所以後來用「價值連城」來形容物品的珍貴。

樂善好施 (乐善好施)

普：	lè	shàn	hào	shī
粵：	lɔk⁹〔落〕	sin⁶〔羨〕	hou³〔耗〕	si¹〔詩〕

【解釋】

樂意做善事，喜歡拿出財物來救濟人。

【例句】

1. 守禮先生是位**樂善好施**的人，很多人都受過他的救濟和幫助。

2. **樂善好施**是一種美德，我們自己生活好了，不應該忘記那些還有困難的人。

①樂：樂於做某事。「樂此不疲」中的「樂」也是這個意思。善：慈善的事。好：喜歡，喜愛。「遊手好閒」、「急公好義」中的「好」也是這個意思。施：指拿出財物來救濟人。②不要把這裏的「樂」讀成「音樂」的「樂」，也不要把這裏的「好」讀成「良好」的「好」。

銷聲匿跡 (销声匿迹)

普： xiāo　　　shēng　　　nì　　　　jì

粵： siu¹〔消〕　siŋ¹〔升〕　nik⁷〔呢益切〕　dzik⁷〔積〕

【解釋】

不出聲，不露行跡。形容隱藏起來或不公開露面。有時也指某種議論、現象或事物不再出現。

【例句】

1. 這位因破產而在商界**銷聲匿跡**多年的史先生，近來竟又組織起新公司，看來他決意要東山再起了。

2. 經過海關和警方的嚴厲打擊，走私活動在這一帶已經**銷聲匿跡**了。

①銷：消失。匿：隱藏。跡：蹤跡，行跡。②不要把「匿」讀成「若」或「諾」。

鋒芒畢露 (锋芒毕露)

普：	fēng	máng	bì	lù
粵：	fuŋ¹〔風〕	mɔŋ⁴〔忙〕	bɐt⁷〔不〕	lou⁶〔路〕

【解釋】

人的銳氣或才幹完全顯露了出來。有時也用於形容人驕傲逞強，好顯示自己。

【例句】

1. 這位初次參加圍棋擂臺賽就**鋒芒畢露**的年輕棋手，以其五連勝的戰績直逼對方主帥。

2. 阿雄少年氣盛，言談**鋒芒畢露**，有時未免不知天高地厚。

---

①鋒芒：刀劍的尖利部份。也比喻人的銳氣、才幹。畢：完全。露：顯露。「原形畢露」中的「畢」、「露」也是這個意思。②不要把「鋒」寫成「峰」。

熟能生巧

普： shú　　　néng　　　shēng　　　qiǎo

粵： suk⁹〔淑〕　nɐŋ⁴〔尼恆切〕　sɐŋ¹〔甥〕　hau²〔考〕

【解釋】

熟練了就能提高技巧或找到竅門。

【例句】

1. 小芳開始摺紙鶴的時候摺得簡直不像樣子，後來練得多了，**熟能生巧**，就摺得又快又好。

2. 達芬奇的繪畫老師深知**熟能生巧**的道理，他讓達芬奇畫雞蛋，畫了一個又一個，以此來訓練其觀察力和繪畫技巧。

熟：熟練。

廢寢忘食 （废寝忘食）

普：	fèi	qǐn	wàng	shí

| 粵： | fɐi³〔肺〕 | tsɐm²〔侵陰上〕 | mɔŋ⁴〔亡〕 | sik⁹〔蝕〕 |

【解釋】

形容做事專心努力，以致顧不上睡覺，忘記了吃飯。

【例句】

1. 這些圍棋高手一研究起棋譜來，往往**廢寢忘食**，在他們腦子裏除了這黑、白的棋子外，別的似乎都不存在了。

2. 歐立希和他的助手**廢寢忘食**地工作，把全部精力都用到了新藥的研製上。

①也作「廢寢忘餐」。②廢：停止。寢：睡覺。

適得其反 (适得其反)

普: shì   dé   qí   fǎn

粵: sik⁷〔色〕 dɐk⁷〔德〕 kei⁴〔奇〕 fan²〔返〕

【解釋】

恰恰得到相反的結果。表示結果跟願望正好相反。

【例句】

1. 他們對這種保健食品的效用宣傳得過了頭，結果**適得其反**，顧客反而覺得不可信了。

2. 成語用得好，可以增強語言的感染力；如果濫用，就會起**適得其反**的作用。

①適：正好，恰好。②不要把「適」寫成「事」。

潛移默化

普： qián　　　yí　　　mò　　　huà

粵： tsim⁴〔簽陽平〕　ji⁴〔宜〕　mɛk⁹〔麥〕　fa³〔花陰去〕

【解釋】

指思想、性格或習慣等在不知不覺中受到薰陶、感染而發生變化。

【例句】

1. 文學作品對人有一種**潛移默化**的功能，多讀好的文學作品有助於孩子的健康成長。

2. 妹妹從小生活在外婆身邊，**潛移默化**，外婆的待人處世方式對她有很大影響。

> 潛：不顯露在外，暗中。移：改變。默：沒有聲音。
> 化：變化。

潰不成軍 (潰不成军)

普： kuì　　　　bù　　　　chéng　　　jūn

粵： kui²〔繪〕　　bɐt⁷〔筆〕　siŋ⁴〔乘〕　gwɐn¹〔君〕

【解釋】

軍隊被打得七零八落，不成隊伍。形容敗得很慘。有時也有用於形容體育比賽雙方相爭中一方遭到慘敗的情景。

【例句】

1. 敵人被打得**潰不成軍**，四散逃竄。

2. 丙班的足球隊是臨時湊起來的，沒有經過訓練，一上場比賽就**潰不成軍**，輸得很慘。

①潰：潰敗，被打垮。②不要把「潰」讀成「貴」。

窮奢極侈 (穷奢极侈)

普：	qióng	shē	jí	chǐ

| 粵： | kuŋ⁴〔穹〕 | tsɛ¹〔車〕 | gik⁹〔擊陽入〕 | tsi²〔始〕 |

【解釋】

揮霍錢財，追求享樂，到了極點。

【例句】

1. 紫禁城裏的歷代帝王過的是**窮奢極侈**的生活。

2. 唐代大詩人杜甫目睹當年少數官僚貴族**窮奢極侈**，而廣大百姓飢寒交迫，於是寫出了「朱門酒肉臭，路有凍死骨」的著名詩句。

「窮」、「極」都表示到了極點。「窮兇極惡」中的「窮」、「極」也是這個意思。

嬌生慣養 (娇生惯养)

普： jiāo　　　shēng　　　guàn　　　yǎng

粵： giu¹〔驕〕　sɛŋ¹〔坍〕　gwan³〔關陰去〕　jœŋ⁵〔仰〕

【解釋】

從小在別人的寵愛和縱容中生活成長。

【例句】

1. 俗話說：「玉不琢，不成器。」對孩子**嬌生慣養**實在不能說是明智之舉。

2. 叔叔沒有想到，從小**嬌生慣養**的姪女經過這些年的磨練，已經成為一名頗為能幹的律師了。

①嬌：過度愛護。慣：縱容姑息，不加管教。②不要把「嬌」寫成「驕」，也不要把「慣」寫成「貫」。

戮力一心

普：	lù	lì	yī	xīn
粵：	luk⁹〔綠〕	lik⁹〔歷〕	jet⁷〔壹〕	sem¹〔深〕

【解釋】

齊心合力。

【例句】

1. 愚公祖孫三代**戮力一心**，挖山不止，決心要開出一條大路來。

2. 香港的繁榮是全體勤勞守法的香港市民**戮力一心**創造出來的。

---

① 也作「戮力同心」。② 戮力：一齊用力。③ 不要把「戮」寫成「戳」。

橫七豎八 (横七竖八)

普： héng　　　　qī　　　　shù　　　　bā

粵： waŋ⁴〔華盲切〕　tsɐt⁷〔漆〕　sy⁶〔樹〕　bat⁸〔波壓切〕

【解釋】

形容縱橫雜亂。

【例句】

1. 庫房裏橫七豎八地堆放着許多雜物。

2. 大家走累了，躺在樹蔭下休息，橫七豎八的，有
   的人不一會兒就睡着了。

橫衝直撞 (橫冲直撞)

普： héng　　　chōng　　　zhí　　　zhuàng

粵： waŋ⁴〔華盲切〕　tsuŋ¹〔充〕　dzik⁹〔席〕　dzɔŋ⁶〔狀〕

【解釋】

毫無顧忌地衝過來撞過去。現在大多用於形容亂衝亂闖。

【例句】

1. 這個**橫衝直撞**的駕駛員原來是喝醉了，如果不是警察及時制止他，後果真不堪設想。

2. 小虎打籃球時常**橫衝直撞**，屢屢犯規，被罰離場。

融會貫通 (融会贯通)

普： róng　　huì　　guàn　　tōng

粵： juŋ⁴〔容〕　wui⁶〔匯〕　gun³〔灌〕　tuŋ¹〔同 陰平〕

【解釋】

融合多方面的知識或道理，從而獲得全面透徹的理解。

【例句】

1. 麗達對所學的知識能**融會貫通**地理解及運用，受到了老師的誇獎。

2. 有的人讀書雖多，但不善於**融會貫通**，所以成效不大。

---

①融會：融合在一起。貫通：貫穿前後。這裏指全面透徹理解。②不要把「融」寫成「溶」或「熔」。

頭昏腦脹 （头昏脑胀）

普：	tóu	hūn	nǎo	zhàng
粵：	tɐu⁴〔投〕	fɐn¹〔紛〕	nou⁵〔努〕	dzœŋ³〔帳〕

【解釋】

頭部發昏，腦子發脹。

【例句】

1. 玉英嫂近來經常覺得**頭昏腦脹**，精神似乎遠不如前了。

2. 年終結賬的那些日子，志強每天忙得**頭昏腦脹**。

不要把「脹」寫成「漲」。

奮不顧身 (奋不顾身)

普: fèn   bù   gù   shēn

粵: fɐn⁵〔憤〕   bɐt⁷〔筆〕   gu³〔故〕   sɐn¹〔辛〕

【解釋】

奮勇向前,不顧自己的生命。

【例句】

1. 張海南**奮不顧身**地跳進河裏搶救遇溺小童,小童的父母感激萬分。

2. 克求里斯在和惡魔、怪物的搏鬥中**奮不顧身**,極其勇敢。

①奮:鼓起勁來,奮勇。身:指自己生命。②不要把「身」寫成「生」。

操縱自如 (操纵自如)

普: cāo　　　zòng　　　zì　　　rú

粵: tsou¹〔粗〕　　dzuŋ³〔眾〕　　dzi⁶〔字〕　　jy⁴〔余〕

【解釋】

掌握或運用毫無阻礙。

【例句】

1. 永波學習運用這種機器只有半年，還不能做到**操縱自如**。

2. 要想練成一手對電腦**操縱自如**的本領，非下苦功不可。

操縱：掌握、駕馭或運用。自如：活動或操作不受阻礙。「應付自如」、「運用自如」中的「自如」也是這個意思。

興致勃勃 (兴致勃勃)

普： xìng   zhì   bó   bó

粵： hin³〔慶〕 dzi³〔至〕 but⁹〔撥〕 but⁹〔撥〕

【解釋】

參加某種活動的情緒很高，興趣很濃厚。

【例句】

1. 來賓們**興致勃勃**地參觀了民間工藝精品展。

2. 兩位校長一談到今後的教育發展，便**興致勃勃**，許多想法不謀而合。

①興致：喜好某種活動的情緒，興趣。勃勃：形容精神旺盛。② 不要把這裏的「興」讀成「振興」、「興旺」的「興」。

興高采烈 (兴高采烈)

普: xìng　　gāo　　cǎi　　liè

粵: hiŋ³〔慶〕　gou¹〔膏〕　tsɔi²〔彩〕　lit⁹〔列〕

【解釋】

形容人興致很高，情緒熱烈。

【例句】

1. 亮兒正**興高采烈**地和小朋友們玩捉迷藏。

2. 大家**興高采烈**，一早已跑到禮堂參加慶功大會。

①興：興致。采：精神。烈：熱烈。②這條成語原先是指詩文旨趣（「興」）高遠，文辭（「采」）激烈，但在現代漢語裏一般不再使用這一意思，而賦予了它新的含義。

學步邯鄲 (学步邯郸)

普：	xué	bù	hán	dān
粵：	hɔk⁹〔鶴〕	bou⁶〔部〕	hɔn⁴〔寒〕	dan¹〔丹〕

【解釋】

比喻生硬模仿別人，不但不見成效，反而連自己原有的長處也失掉了。

【例句】

1. 學習別人的經驗要結合自己的實際，如果生搬硬套，**學步邯鄲**，是不會有好結果的。

2. 「**學步邯鄲**」的故事雖然聽起來十分可笑，但生活中類似的事情確實時有發生，我們怎麼能不引以為戒呢？

①也作「邯鄲學步」。②學步：學走路。邯鄲：地名，在今河北省，戰國時是趙國的國都。③這條成語源於《莊子・秋水》中的一則記載。據說戰國時燕國有個少年羨慕趙都邯鄲的人走路姿勢好看，就專程遠道來到邯鄲學走路，不料不但沒有學到邯鄲人走路的姿勢，反而連自己原先怎樣走路都忘掉了，只好爬着回燕國去。

聰明伶俐 (聰明伶俐)

普： cōng　　　　míng　　　　líng　　　　lì

粵： tsuŋ¹〔充〕　miŋ⁴〔名〕　liŋ⁴〔玲〕　lei⁶〔利〕

【解釋】

聰明機靈。

【例句】

1. 小妹妹**聰明伶俐**，又懂禮貌，很惹人喜歡。

2. 卓熹是個**聰明伶俐**的好學生，各門課的成績在班裏都名列前茅。

①伶俐：聰明靈活。②不要把「伶」寫成「靈」，或把「俐」寫成「利」。

艱苦奮鬥 （艰苦奋斗）

普： jiān　　　kǔ　　　fèn　　　dòu

粵： gan¹〔奸〕　fu²〔虎〕　fen⁵〔憤〕　dɐu³〔豆陰去〕

【解釋】

不怕艱難困苦，頑強地進行鬥爭。

【例句】

1. 鄭豐喜今天的成績，是他長期**艱苦奮鬥**的結果，確實得來不易啊！

2. 經過十幾年的**艱苦奮鬥**，他從一名推銷員成長為這家知名公司的董事長。

輾轉反側 （辗转反侧）

普： zhǎn　　　zhuǎn　　　　fǎn　　　cè

粵： dzin²〔展〕　dzyn²〔專_{陰上}〕　fan²〔返〕　dzɐk⁷〔則〕

【解釋】

形容有心事，躺在牀上翻來覆去不能入睡。

【例句】

1. 蘇輝想到明天就要參加校際的朗誦比賽，不免有
   幾分緊張，在牀上**輾轉反側**，不能安睡。

2. 看到浩明**輾轉反側**的樣子，媽媽十分擔心，怕他
   有甚麼放不下的心事。

①輾轉、反側：都是形容在牀上身子翻來覆去，不能安
睡的樣子。②不要把「側」寫成「測」。

臨渴掘井 (临渴掘井)

普：	lín	kě	jué	jǐng
粵：	lɐm⁴〔林〕	hɔ⁸〔喝〕	gwɐt⁹〔倔〕	dziŋ²〔整〕

【解釋】

感到口渴了才去掘井。比喻平時不做準備，事後臨頭才倉促想辦法。

【例句】

1. 等到要寫作文了，才急急忙忙去找資料、看範文，**臨渴掘井**，這樣是寫不出好文章來的。

2. 季康辦事井井有條，平時準備工作做得很充分，還從來沒有發生過**臨渴掘井**的事。

①臨：臨到。②不要把「渴」寫成「喝」。

舉世無雙 （举世无双）

普： jǔ　　　　shì　　　　wú　　　　shuāng

粵： gœy² 〔矩〕　　sɐi³ 〔細〕　　mou⁴ 〔毛〕　　sœŋ¹ 〔傷〕

髮長
2.89米

長髮女郎

【解釋】

全世界找不到第二個。形容稀有罕見。

【例句】

1. 中國的萬里長城是**舉世無雙**的古建築遺跡，它的雄偉氣象令人驚歎不已。

2. 這件紫檀木浮雕《清明上河圖》**舉世無雙**，具有很高的藝術價值。

> 舉：全。舉世：全世界。無雙：沒有第二個，獨一無二。「蓋世無雙」中的「無雙」也是這個意思。

舉世聞名 （举世闻名）

普： jǔ　　　　shì　　　　wén　　　　míng

粵： gœy²〔矩〕　sɐi³〔細〕　mɐn⁴〔文〕　min⁴〔明〕

【解釋】

全世界都知道。形容非常著名。

【例句】

1. 達芬奇是**舉世聞名**的大畫家，不但他的畫令人讚歎，他那種認真工作、刻苦鑽研的精神更是令人感動。

2. 中國絲綢之精美，**舉世聞名**。

舉世：全世界。聞名：名聲為人所知，有名。

優柔寡斷 (优柔寡断)

普：	yōu	róu	guǎ	duàn
粵：	jɐu¹〔休〕	jɐu¹〔由〕	gwa²〔瓜陰上〕	dyn⁶〔段〕

【解釋】

形容做事猶豫，缺乏決斷。

【例句】

1. 他因為**優柔寡斷**而坐失良機，真讓人惋惜。

2. 劉靖素來不是個**優柔寡斷**的人，只因這件事關係重大，他不得不再三思量，故一時未能作出決定。

> ①優柔：猶豫不決。寡：缺少。「沉默寡言」、「寡廉鮮恥」中的「寡」也是這個意思。斷：決斷。②不要把「優」寫成「憂」。

鍥而不捨 (锲而不舍)

普：	qiè	ér	bù	shě
粵：	kit⁸〔揭〕	ji⁴〔兒〕	bɐt⁷〔筆〕	sɛ²〔寫〕

【解釋】

雕刻一件東西，一直刻下去不放手。比喻有恆心，有毅力，能堅持到底。

【例句】

1. 阿芳業餘自學英語，**鍥而不捨**地堅持了六年，現在已經能夠順暢地閱讀英文原版專業書籍了。

2. 田依在研究電腦多媒體技術時那種**鍥而不捨**的精神實在令人感動。

> 鍥：雕刻。捨：捨棄，放下。

應付自如 (应付自如)

普： yìng　　　 fù　　　 zì　　　 rú

粵： jin³〔英陰去〕　 fu⁶〔父〕　 dzi⁶〔字〕　 jy⁴〔余〕

【解釋】

處理事情很有辦法，毫不感到困難。

【例句】

1. 爸爸一天到晚事情很多，但他**應付自如**，真讓人佩服。

2. 楊學忠經過這些年的磨練，經驗日益豐富，各項工作**應付自如**，成了社長的得力助手。

①應付：對人對事採取應對的辦法、措施。自如：活動或操作不受阻礙。②不要把這裏的「應」讀成「應該」、「應有盡有」的「應」。

應有盡有 (应有尽有)

普： yīng　　　yǒu　　　jìn　　　　yǒu

粵： jiŋ¹〔英〕　jɐu⁵〔友〕　dzœn⁶〔進陽去〕　jɐu⁵〔友〕

【解釋】

應該有的全都有了。表示很齊全，一樣也不缺。

【例句】

1. 商店裏各類文具**應有盡有**，櫃臺前擠滿了來選購的學生。

2. 學校圖書館藏書很豐富，尤其是<u>中國</u>古典小說，可以說**應有盡有**。

---

①應：應該。盡：全，都。②不要把這裏的「應」讀成「應酬」、「應付自如」的「應」。

燦爛奪目 （灿烂夺目）

普： càn　　　làn　　　duó　　　mù

粵： tsan³〔粲〕　lan⁶〔蘭陽去〕　dyt⁹〔杜月切〕　muk⁹〔木〕

【解釋】

形容光彩鮮明耀眼。

【例句】

1. 聖誕節夜晚，尖沙咀的商店、百貨公司掛滿燈
   飾，**燦爛奪目**，迷人極了。

2. 這幾位畫家的作品閃耀出**燦爛奪目**的光輝，每天
   到展廳來觀摩的人絡繹不絕。

（燦爛：光芒四射，色彩鮮明美麗。奪目：耀眼。）

縱橫交錯 (纵横交错)

普： zòng　　héng　　jiāo　　cuò

粵： dzuŋ¹〔忠〕　waŋ⁴〔華盲切〕　gau¹〔郊〕　tsɔk⁸〔雌惡切〕

【解釋】

豎的和橫的相互交叉。也形容情況複雜。

【例句】

1. 江南水鄉到處是**縱橫交錯**的河道，船隻是當地重要的運輸工具。

2. 這部小說人物眾多，他們的關係**縱橫交錯**，從而引發出一個個曲折的故事，對讀者有很強的吸引力。

豐功偉績 (丰功伟绩)

普： fēng　　　gōng　　　wěi　　　jì

粵： fuŋ¹〔風〕　guŋ¹〔工〕　wɐi⁵〔葦〕　dzik⁷〔即〕

【解釋】

偉大的功績。

【例句】

1. 人們緬懷孫中山先生的**豐功偉績**，對這位革命家充滿了敬仰之情。

2. 楊先生在工作中雖然沒有建立過甚麼**豐功偉績**，但他幾十年如一日，勤勤懇懇，敬業樂業，同樣贏得了同事們的尊重。

①豐：大。偉：偉大。績：成就，業績。②不要把「績」寫成「跡」。

豐衣足食 (丰衣足食)

普： fēng　　　yī　　　zú　　　shí

粵： fuŋ¹〔風〕　ji¹〔醫〕　dzuk⁷〔竹〕　sik⁹〔蝕〕

【解釋】

穿的吃的都很豐富充足。形容生活富裕。

【例句】

1. 這幾年農村經濟發展很快，家家戶戶**豐衣足食**，
   日子越過越美滿。

2. 為了滿足已**豐衣足食**的市民在文化生活上的需
   要，市政府興建了新的圖書館和影劇院。

> 豐：豐富。足：充足。

豐富多彩 (丰富多彩)

普： fēng　　　fù　　　duō　　　cǎi

粵： fuŋ¹〔風〕　fu³〔副〕　dɔ¹〔躲陰平〕　tsɔi²〔採〕

【解釋】

內容豐富，有很多精彩的東西。

【例句】

1. 學校新年聯歡會節目**豐富多彩**，師生同臺獻藝，樂也融融。

2. 區域市政局為學生們準備了**豐富多彩**的暑期活動，希望他們的假期過得充實愉快。

彩：精彩的成分。

簡明扼要 （简明扼要）

普： jiǎn   míng   è   yào

粵： gan²〔柬〕   miŋ⁴〔名〕   ɐk⁷〔握〕   jiu³〔腰 陰去〕

【解釋】

簡單明白，抓住要點。

【例句】

1. 寫便條應**簡明扼要**，把要告訴對方的事情表達得清楚就行了。

2. 國強把佈置禮堂的要求**簡明扼要**地說了一遍，大家就動手幹起來了。

> 扼：抓住。要：要點，重要的內容。

歸根結蒂 (归根结蒂)

普： guī　　　gēn　　　jié　　　dì

粵： gwei¹〔龜〕　gen¹〔斤〕　git⁸〔潔〕　dei³〔帝〕

【解釋】

歸結到根本上。

【例句】

1. 學校在重視課堂教學之餘還鼓勵學生參加各類課外活動，**歸根結蒂**是為了幫助同學全面發展，健康成長。

2. 這個決策是否正確，**歸根結蒂**要看實踐的效果，現在作出評價為時尚早。

①也作「歸根結底」、「歸根結柢」。柢：樹根。②蒂：花或瓜果跟莖、枝相連的部分。③不要把「蒂」寫成「帝」。

翻來覆去 （翻来覆去）

普： fān　　lái　　fù　　qù

粵： fan¹〔番〕　　lɔi⁴〔萊〕　　fuk⁷〔福〕　　hœy³〔許陰去〕

【解釋】

翻過來，覆過去。指身體來回翻動。也用來表示一次又一次，多次重複。

【例句】

1. 雅文躺在床上**翻來覆去**，怎麼也睡不着。

2. 這些話他已經**翻來覆去**地說了不知多少遍。

> 不要把「翻」寫成「反」，也不要把「覆」寫成「復」或「複」。

顛沛流離 (颠沛流离)

普：	diān	pèi	liú	lí

| 粵： | din¹〔癲〕 | pui³〔配〕 | lɐu⁴〔留〕 | lei⁴〔梨〕 |

【解釋】

形容流浪在外，生活艱難。

【例句】

1. 這些難民過着**顛沛流離**的生活，十分令人同情。

2. 唐代安祿山作亂後，詩人杜甫**顛沛流離**，目睹了政治的腐敗，飽嘗了人間的苦難。

> 顛沛：生活窮困，受挫折。流離：由於災荒、戰亂等而四處流浪。「流離失所」中的「流離」也是這個意思。

耀武揚威 （耀武扬威）

普： yào　　　wǔ　　　yáng　　　wēi

粵： jiu⁶〔耀〕　mou⁵〔母〕　jœŋ⁴〔陽〕　wɐi¹〔委陰平〕

【解釋】

炫耀武力，顯示威風。

【例句】

1. 當年**耀武揚威**、不可一世的侵略者，最終還是落了個可恥失敗的下場。

2. 別看他**耀武揚威**，其實只是個紙老虎，沒有甚麼了不起的。

①耀：有意顯示出來，炫耀。揚：顯揚。②不要把「耀」寫成「躍」或「要」，也不要把「揚」寫成「楊」。

騰雲駕霧 （騰云驾雾）

普：	téng	yún	jià	wù
粵：	teŋ⁴〔藤〕	wɐn⁴〔暈〕	ga³〔嫁〕	mou⁶〔務〕

【解釋】

傳說中指利用法術乘着雲霧在空中飛行。現在也用於形容奔馳迅速或頭腦發脹、精神恍惚的狀態。

【例句】

1. 孫悟空騰雲駕霧來到芭蕉洞，向鐵扇公主借芭蕉扇。

2. 賀叔叔多喝了幾杯酒，頭暈暈糊糊的，像騰雲駕霧一般，連步子也走不穩了。

爐火純青 （炉火纯青）

普：	lú	huǒ	chún	qīng
粵：	lou⁴〔勞〕	fɔ²〔夥〕	sœn⁴〔脣〕	tsiŋ¹〔清〕

【解釋】

相傳道家煉丹，煉到爐子裏的火燄成為純青顏色時就算成功了。比喻學術修養、技藝、功夫等達到了純熟完美的境地。

【例句】

1. 周先生晚年所寫的散文**爐火純青**，令人回味無窮。

2. 楊老伯的八卦拳功夫已經到了**爐火純青**的境地，我們初學者真是望塵莫及。

純：純粹，純正。青：此指藍色。

躊躇滿志 (踌躇满志)

普： chóu   chú   mǎn   zhì

粵： tsɐu⁴〔囚〕 tsy⁴〔廚〕 mun⁵〔門陽上〕 dzi³〔至〕

【解釋】

對自己取得的成就非常得意。

【例句】

1. 徐森接到研究院錄取通知書後**躊躇滿志**，對自己今後的發展充滿信心。

2. 金教練率領球隊大勝對手，在接見記者時**躊躇滿志**地向他們披露了自己的佈陣用兵之道。

①躊躇：得意的樣子。滿：滿足。志：意願。②不要把「躊」讀成「壽」，也不要把「躇」讀成「著」。

鐵杵磨針 （铁杵磨针）

普： tiě　　　　chǔ　　　　mó　　　　zhēn

粵： tit⁸〔提歇切〕　tsy⁵〔處〕　mɔ⁴〔魔陽平〕　dzɐm¹〔斟〕

【解釋】

比喻只要有恆心，有毅力，肯下工夫，再難的事也能
成功。

【例句】

1. 如果有**鐵杵磨針**的精神，還怕學不好功課嗎？

2. **鐵杵磨針**雖然只是一個傳說，但它包含的道理卻
　 使人深受教益。

①也作「鐵杵成針」、「磨杵成針」、「鐵杵磨成針」。杵：舂米或捶衣用的棒。②這條成語源於宋代祝穆《方輿勝覽》中所記的一則故事。傳說李白在四川象耳山中讀書，學業未成，卻不想再苦讀下去了。他離開讀書的地方，在經過一條小溪時，遇到一位老婦人正在磨鐵杵。李白問她做甚麼，她說：「想把它磨成一根針。」老婦人的話使李白受到很深觸動，於是他回到山中繼續苦讀，終於完成了學業。

歡呼雀躍 （欢呼雀跃）

普： huān　　　hū　　　què　　　yuè

粵： fun¹〔寬〕　　fu¹〔夫〕　　dzœk⁸〔爵〕　　jœk⁸〔約〕

【解釋】

人們歡樂地呼喊，高興得跳了起來。

【例句】

1. 我們班在合唱比賽中得了第一名，同學們**歡呼雀躍**，高興得不得了。

2. 抗戰勝利了，**歡呼雀躍**的羣眾擁上街頭，自發舉行各種慶祝活動。

---

① 雀躍：高興得像雀一樣跳躍。② 不要把「躍」寫成「耀」。

歡聲雷動 (欢声雷动)

普： huān　　　shēng　　　léi　　　dòng

粵： fun¹〔寬〕　siŋ¹〔升〕　lœy⁴〔擂〕　duŋ⁶〔洞〕

【解釋】

歡呼的聲音像雷一樣滾動。

【例句】

1. 王軍霞邁着矯健的步伐領先衝過終點，一個新的長跑世界紀錄誕生了，觀眾席上**歡聲雷動**。

2. 喜訊傳來，會場上出現了**歡聲雷動**的場面，大家的心情都十分激動。

也作「歡聲如雷」。

驚心動魄 （惊心动魄）

普： jīng   xīn   dòng   pò

粵： giŋ¹〔京〕   sɐm¹〔深〕   duŋ⁶〔洞〕   pak⁸〔拍〕

【解釋】

心靈、魂魄都受到了震動。形容使人感受很深，震動很大。也形容使人感到非常驚險緊張。

【例句】

1. 在這座古城的歷史上，發生過許多**驚心動魄**的事件，活躍過許多叱吒風雲的人物。

2. 當年那場剿匪鬥爭**驚心動魄**，官兵們至今記憶猶新。

魄：迷信的説法認為是一種依附於人體並可以脱離人體而存在的精神。

變化無窮 （变化无穷）

普： biàn　　　 huà　　　　 wú　　　　 qióng

粵： bin³〔邊陰去〕　 fa³〔花陰去〕　 mou⁴〔毛〕　 kuŋ⁴〔穹〕

【解釋】

變化很多，永遠沒個完。

【例句】

1. 天上雲彩那**變化無窮**的形狀，激發起海明豐富的想像。

2. 圍棋盤雖小，黑白的棋勢卻**變化無窮**，為棋手鬥智鬥勇提供了廣闊的天地。

窮：盡頭，完。無窮：沒有盡頭，沒個完。

變幻莫測 (变幻莫测)

普： biàn   huàn   mò   cè

粵： bin³〔邊陰去〕   wan⁶〔患〕   mɔk⁹〔漠〕   tsɛk⁷〔側〕

【解釋】

變化無常，難以預測。

【例句】

1. **變幻莫測**的山區氣候真叫人難以捉摸，剛剛還白日當空，一會兒卻又煙籠霧罩起來。

2. 徐波的乒乓球打得真好，尤其是發球**變幻莫測**，堪稱一絕。

---

①變幻：無規則可尋的變化。莫：不能。測：預測。
②不要把「幻」寫成「幼」，也不要把「測」寫成「側」。

竊竊私語 （窃窃私语）

普：	qiè	qiè	sī	yǔ
粵：	sit⁸〔舌〕	sit⁸〔舌〕	si¹〔司〕	jy⁵〔雨〕

【解釋】

形容低聲交談。

【例句】

1. 佩英和嘉儀站在樹旁**竊竊私語**，好像在商量甚麼事情。

2. 小寶在上課時經常和周圍的同學**竊竊私語**，聽講不專心，所以學業成績總也提不高。

竊竊：形容聲音細小。有時也寫作「切切」。私語：低聲說話。

靈機一動 (灵机一动)

普： líng　　　jī　　　yī　　　dòng

粵： lin⁴〔玲〕　gei¹〔基〕　jɛt⁷〔壹〕　duŋ⁶〔洞〕

【解釋】

臨時腦筋一動，有了主意，想出了辦法。

【例句】

1. 正當我們為買不到車票而發愁的時候，小齊忽然**靈機一動**地想起某個人，說：「託他幫忙肯定沒問題的。」

2. 利華**靈機一動**，想出了一個籌款辦法，連忙跟老師商量。

①靈機：靈巧的心思。②不要把「靈」寫成「臨」。

躡手躡腳 (蹑手蹑脚)

普： niè　　　 shǒu　　　 niè　　　 jiǎo

粵： nip⁹〔聶〕　 sɐu²〔首〕　 nip⁹〔聶〕　 gœk⁸〔哥約切中入〕

【解釋】
走路時手腳的動作放得很輕，怕驚動別人。

【例句】
1. 哥哥正在聚精會神地學習，玉蓉不想驚動他，就**躡手躡腳**，從他身後繞過去，進了自己的房間。

2. 半夜時分，巡警發現有幾個不明身份的人**躡手躡腳**地摸進了博物館，立即跟蹤過去。

①躡：放輕 (腳步)。②不要把「躡」讀成「攝」。

蠻橫無理 (蛮横无理)

普： mán　　　　hèng　　　　wú　　　　lǐ

粵： man⁴〔萬陽平〕　waŋ⁶〔華孟切〕　mou⁴〔毛〕　lei⁵〔里〕

【解釋】

行為粗暴，不講道理。

【例句】

1. 博揚在公共汽車上見到有人**蠻橫無理**地強佔讓給老年人的座位，便立刻上前制止。

2. 對於他這種**蠻橫無理**的行徑，眾人紛紛加以譴責。

①也作「橫蠻無理」。②蠻橫：粗暴而不講道理。③普通話「橫」在文言或成語中讀 hèng，一般讀 héng，「豎橫」的「橫」。

讚不絕口 (赞不绝口)

普： zàn　　　bù　　　jué　　　kǒu

粵： dzan³〔贊〕　bɐt⁷〔筆〕　dzyt⁹〔拙陽入〕　hɐu²〔侯陰上〕

【解釋】

不住口地稱讚。

【例句】

1. 到過湖南張家界的人，對那裏的自然風光都讚不絕口。

2. 每當談到陳敏琪同學，各位老師都讚不絕口，說她不但學習好，而且助人為樂，熱心公益，是個品學兼優的好孩子。

絕口：住口（只用在「不」的後面）。

附錄一　普通話讀音指南
（漢語拼音方案）

聲　母　表							
b 玻	p 坡	m 摸	f 佛	d 得	t 特	n 呢	l 勒
g 哥	k 科	h 喝		j 機	q 七	x 西	
zh 知	ch 吃	sh 師	r 日	z 資	c 雌	s 思	

韻　母　表							
		i	衣	u	烏	ü	迂
a	阿	ia	呀	ua	蛙		
o	喔			uo	窩		
e	鵝	ie	耶			üe	約
ai	哀			uai	歪		
ei	誒			uei	威		
ao	凹	iao	腰				
ou	歐	iou	憂				
an	安	ian	煙	uan	彎	üan	冤
en	恩	in	因	uen	溫	ün	暈
ang	昂	iang	央	uang	汪		
eng	亨的韻母	ing	英	ueng	翁		
ong	哄的韻母	iong	雍				

拼 寫 規 則

1) i 行韻母，前面沒有聲母時，寫成：yi、ya、ye、yao、you、yan、yin、yang、ying、yong。

2) u 行韻母，前面沒有聲母時，寫成：wu、wa、wo、wai、wei、wan、wen、wang、weng。

3) ü 行韻母，前面沒有聲母時，寫成：yu、yue、yuan、yun，ü 上兩點省略。

4) ü 行韻母，跟聲母 j、q、x 拼時，寫成：ju、qu、xu，ü 上面兩點也省略；但跟聲母 n、l 拼時，寫成：nü、lü。

5) iou、uei、uen 前面加聲母時，寫成：iu、ui、un。例如 niu、gui、lun。

聲 調 符 號

陰平	陽平	上聲	去聲
一	／	ˇ	ˋ

聲調符號標在音節的主要母音上，輕聲不標。例如：

媽mā	麻má	馬mǎ	罵mà	嗎ma
（陰平）	（陽平）	（上聲）	（去聲）	（輕聲）

附錄二　廣州話讀音指南
（國際音標注音）

聲母表		
聲母	字例	拼寫
b	巴	ba¹
d	打	da²
dz	渣	dza¹
f	花	fa¹
g	家	ga¹
gw	瓜	gwa¹
h	蝦	ha¹
j	也	ja⁵
k	卡	ka¹
kw	誇	kwa¹
l	啦	la¹
m	媽	ma¹
n	拿	na⁴
ŋ	牙	ŋa⁴
p	扒	pa⁴
s	沙	sa¹
t	他	ta¹
ts	茶	tsa⁴
w	蛙	wa¹

韻母表		
韻母	字例	拼寫
a	巴	ba[1]
ai	佳	gai[1]
au	交	gau[1]
am	函	ham[4]
an	晏	an[3]/ŋan[3]
aŋ	坑	haŋ[1]
ap	鴨	ap[8]/ŋap[8]
at	壓	at[8]/ŋat[8]
ak	百	bak[8]
ɐi	溪	kɐi[1]
ɐu	收	sɐu[1]
ɐm	金	gɐm[1]
ɐn	根	gɐn[1]
ɐŋ	耿	gɐŋ[2]
ɐp	汁	dzɐp[1]
ɐt	疾	dzɐt[9]
ɐk	得	dɐk[1]
ei	戲	hei[3]
ɛ	借	dzɛ[3]
ɛŋ	鏡	gɛŋ[3]
ɛk	隻	dzɛk[8]
i	似	tsi[5]
iu	耀	jiu[6]
im	點	dim[2]

韻母	字例	拼寫
in	年	nin⁴
iŋ	炯	gwiŋ²
ip	貼	tip⁸
it	列	lit⁹
ik	力	lik⁹
ou	母	mou⁵
ɔ	破	pɔ³
ɔi	開	hɔi¹
ɔn	岸	ŋɔn⁶
ɔŋ	方	fɔŋ¹
ɔt	割	gɔt⁸
ɔk	擴	kwɔk⁸
œ	靴	hœ¹
œy	女	nœy⁵
œn	倫	lœn⁴
œŋ	強	kœŋ⁴
œt	律	lœt⁹
œk	約	jœk⁸
u	烏	wu¹
ui	灰	fui¹
un	援	wun⁴
uŋ	夢	muŋ⁶
ut	潑	put⁷
uk	曲	kuk¹
y	書	sy¹

韻母	字例	拼寫
yn	村	tsyn¹
yt	月	jyt⁹
m	唔	m⁴ (輔音元音化)
ŋ	五	ŋ⁵ (輔音元音化)

聲 調 表			
聲調	符號	字例	拼寫
陰平	1	詩	si¹
陰上	2	史	si²
陰去	3	試	si³
陽平	4	時	si⁴
陽上	5	市	si⁵
陽去	6	事	si⁶
陰入	7	色	ɔik⁷
中入	8	錫	sɛk⁸
陽入	9	食	sik⁹

漢語拼音索引

T

W

Z